# EINFACH KÖSTLICH

Elisabeth Lambert Ortiz
Judy Ridgway

# Einfach köstlich

*Ein Bildratgeber für die Vorratshaltung in Flaschen & Gläsern*

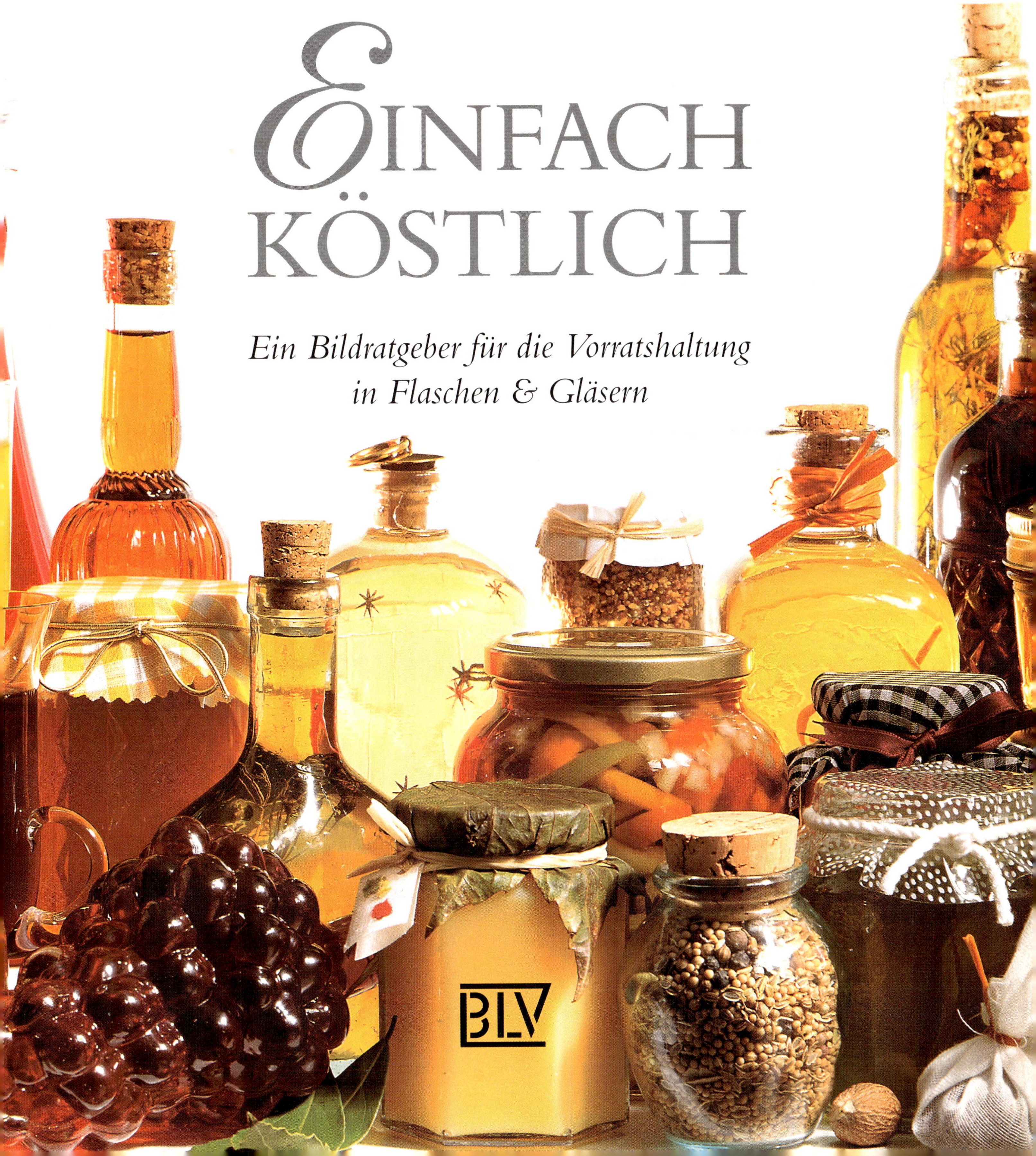

Die Deutsche Bibliothek –
CIP-Einheitsaufnahme

**Lambert Ortiz, Elisabeth:**
Einfach köstlich : ein Bildratgeber für die Vorratshaltung in Flaschen & Gläsern / Elisabeth Lambert Ortiz ; Judy Ridgway. [Übers. aus dem Engl.: Susanne Vogel]. – München ; Wien ; Zürich : BLV, 1995
Einheitssacht.: Clearly Delicious < dt. >
ISBN 3-405-14752-2
NE: Ridgway, Judy:

Ein Dorling Kindersley Buch

Konzipiert und produziert von
Carroll & Brown Limited,
5 Lonsdale Road, London NW6 6RA
Redaktionsleitung: Jeni Wright
Fotos: David Murray, Jules Selmes
Hauswirtschaftliche Beratung:
Sarah Lowman

Titel der englischen Originalausgabe:
CLEARLY DELICIOUS


BLV Verlagsgesellschaft mbH
München Wien Zürich
80797 München



Übersetzung aus dem Englischen:
Susanne Vogel
Lektorat: Inken Kloppenburg
Verlags-Service, München
Herstellung: Sylvia Hoffmann
Satz: Setzerei Vornehm GmbH, München
Einbandgestaltung: Studio Schübel, München
Einbandfoto: David Murray

Printed in Italy · ISBN 3-405-14752-2

### ANMERKUNG

♦ Das Konservieren von Lebensmitteln birgt gewisse Gefahren. Strikte Sauberkeit, die Benutzung der geeigneten Küchengeräte, die Einhaltung der angegebenen Zeiten und Säuregrade sowie zahlreiche weitere Faktoren sind zu beachten, um einen ungetrübten Genuß zu gewährleisten. Die in diesem Buch abgebildeten Food-Fotos entstanden unmittelbar nach der Zubereitung beziehungsweise dem Einfüllen in Gefäße, die nicht immer luftdicht versiegelt wurden. Das Buch gibt lediglich Anleitungen und Richtlinien. Bei der Lagerung von Konserven über einen längeren Zeitraum sind die spezifischen Anweisungen zur Konservierung zu beachten. Der Verlag übernimmt keine Verantwortung für die in diesem Buch beschriebenen Konservierungstechniken und die damit entstehenden Produkte.
♦ Durch längere Lagerung können sich bei Konserven farbliche Veränderungen ergeben.

# Vorwort

Selbstgemachte Vorräte können einen gewöhnlichen Küchenschrank oder Vorratsraum in eine Schatzkammer verwandeln, wie sie eines Aladin würdig wäre – voller Köstlichkeiten, die Auge und Gaumen schmeicheln, die man gern lieben Menschen schenkt und auch selbst gern bekommt. Im Kühlschrank oder in der Gefriertruhe eingelagerte Vorräte aus eigener Herstellung sind häufig die Retter in der Not – zum Beispiel wenn ein Geburtstag ansteht, das Geschenk vergessen wurde und die Geschäfte schon geschlossen sind. Daß Konfitüren und Gelees, Gemüse-Pickles und Chutneys nicht von selbst entstehen, ist nicht zu leugnen. Doch kann die Arbeit in der Küche eine vergnügliche Angelegenheit sein. Es kommt durchaus vor, daß Familienmitglieder oder Freunde Lust bekommen mitzumachen, und plötzlich wird aus einer Aufgabe, die erledigt werden mußte, ein geselliges Ereignis mit Spaß für alle Beteiligten.

Sparsamkeit ist eine Tugend, um so mehr, wenn sie durch Einfallsreichtum wettgemacht wird. Manchmal aber streikt die Phantasie – bevorzugt gerade dann, wenn die Essenszeit bedrohlich näherrückt. Eine Auswahl an selbstgemachten Vorräten im Küchen- oder Kühlschrank kann hier Abhilfe schaffen und inspiriert vielleicht sogar zu manch neuer Kreation: Plötzlich besticht das altbekannte Gericht durch eine delikate Note, und schlichte Hausmannskost wird zu einem raffinierten Genuß.

Für Umweltbewußte ergibt sich ein zusätzlicher Anreiz daraus, daß sich leere Gläser, Flaschen, Dosen und Schachteln, die mahnend auf dem Küchenschrank lagern, sinnvoll wiederverwerten lassen. Wer etwas Geschick und ein Quentchen künstlerische Begabung besitzt, kann wahre Wunder bewirken. Mit Farben, Papier, Bändern und Schnüren werden aus schlichten Gefäßen und Körben Objekte, die die Köstlichkeit ihres Inhalts zusätzlich unterstreichen.

Nicht umsonst besagt ein altes spanisches Sprichwort: *»Es mas bueno el vino en bella copa«* – aus einem schönen Glas schmeckt der Wein nochmal so gut.

Elisabeth Lambert Ortiz

# INHALT

# Einführung

Die köstlichsten Düfte erfüllen das Haus, wenn die Zeit gekommen ist, um Früchte und Gemüse zu allerlei Delikatessen zu verarbeiten. Der Brauch, im Sommer die »Überschüsse« für den Winter zu konservieren, entwickelte sich in einer Zeit, als es weder die Kühltechnik gab noch Flugzeuge, um ganzjährig frische Früchte und Gemüse aus aller Herren Länder herbeizutransportieren. Aus einer puren Notwendigkeit wurde, jedenfalls für die meisten von uns, ein vergnügliches Hobby. Was macht man mit all den Tomaten, die gleichzeitig heranreifen, mit den grünen Bohnen, die binnen Tagen die Verwandlung von zarten, kleinen Schoten zu alten, harten Ungetümen vollziehen, oder angesichts der schweren Last saftiger Früchte an einem Obstbaum, die auch den Vögeln nicht verborgen bleiben?

Man konserviert sie, erfreut sich an ihnen bis zur nächsten Ernte und läßt auch andere an den Schätzen teilhaben. Es gibt so viele Anlässe, andere mit selbst Eingelegtem oder Eingemachtem zu überraschen, daß Sie allein schon aus diesem Grund Speisekammer, Kühlschrank und Gefriertruhe reichlich füllen sollten. Nehmen Sie sich ein Beispiel an der Natur, seien Sie genauso großzügig. Sie müssen kein besonderer Kochkünstler sein, und was Sie an Gerätschaften benötigen, ist in den meisten Küchen ohnehin vorhanden. Für Vorräte aus eigener Herstellung begeistern sich auch jene, die ihre Speisen ohne chemische Zusätze und Konservierungsmittel genießen wollen. Und sie kommen all denen entgegen, die gern besonders gut essen oder Köstliches verschenken wollen, ohne dafür tief in die Tasche greifen zu müssen. Der Schlüssel zum Erfolg liegt in der Verarbeitung frischer Zutaten von bester Qualität. Dieses Kriterium läßt sich ohne weiteres erfüllen, sind doch Früchte und Gemüse dann am billigsten, wenn sie, natürlich und ohne teure Hilfsmittel gereift, den Markt überschwemmen. Greifen Sie zu, und lassen Sie sich von Ihrer Phantasie auch zum Ausprobieren neuer Kombinationen verleiten.

Umweltbewußtsein ist längst mehr als nur ein Schlagwort. Neben dekorativen und erschwinglichen Preßglasgläsern stehen zum Einmachen Gläser und Flaschen zur Verfügung, in denen wir Alltägliches, wie zum Beispiel Senf, Gewürze, Öl, Oliven oder Kapern, kaufen und die sich zwangsläufig immer wieder zu Hause ansammeln. Unter ihnen finden sich recht hübsch verzierte oder elegant geformte Stücke, die sich geradezu anbieten, um erneut mit Leckerem gefüllt zu werden. Flaschen und Gläser ohne festsitzende Verschlüsse sind allerdings nur für die kurzfristige Lagerung geeignet und werden am besten für Produkte verwendet, die im Kühlschrank aufbewahrt werden. Ist eine längere Lagerung vorgesehen, lohnt sich der Kauf spezieller Gläser mit passendem Deckel. Als Geschenk kann man ihren Inhalt in ein besonders schönes Gefäß umfüllen. Vergessen Sie dann nicht den Hinweis für den Empfänger, diesen Vorrat richtig zu lagern oder schnell zu verbrauchen.

Gelegenheiten zum Schenken gibt es reichlich, sei es eine Einweihungsparty, ein Tauffest oder auch nur eine Einladung zum Essen, zu dem man statt der üblichen Weinflasche, Pralinen oder Blumen einmal etwas Besonderes mitbringen möchte, oder sei es, um neue Nachbarn willkommen zu heißen oder jemandem ein kleines Dankeschön zu sagen.

Der Brauch, Geschenke zu machen und zu bekommen, ist so alt wie die Menschheit selbst, wie zahlreiche Legenden und Traditionen belegen. Warum also sollten wir nicht die liebenswerte alte Angewohnheit wieder aufleben lassen, allerlei Vorräte selbst zuzubereiten, um anderen damit eine Freude zu machen: Pickles von Gemüse und Früchten, Eingelegtes, Marmeladen, feine Gelees, Fruchtcremes und -sirups, aromatisierten Essig, Früchte in Alkohol, Chutneys und vieles, vieles mehr. Moderne Küchengeräte wie etwa der Mixer erleichtern die Arbeit, und überdies steht heute eine schier unermeßliche Fülle an Zutaten zur Verfügung, angefangen von den Kräutern im Garten über die Früchte, die man auf Plantagen selbst pflückt, bis hin zum abwechslungsreichen Angebot der Obst- und Gemüsestände, Supermärkte und Delikatessengeschäfte.

Indem wir das, was die Natur im Sommer so üppig hervorbringt, geschickt verwerten, ersparen wir uns die hektischen Weihnachtseinkäufe oder auch die peinliche Situation, jemanden vergessen zu haben und mit leeren Händen dazustehen. Die Ferien sind die beste Zeit, um ans Werk zu gehen und zum Beispiel Pomeranzenmarmelade mit Mandeln, Papayas mit Pistazien in Rum, Gelee von roten Früchten mit Port oder auch einen Likör mit Früchten aus dem eigenen Garten zuzubereiten.

Da nur zu schnell vergessen ist, was sich in welchen Gläsern und Flaschen verbirgt, ist es wichtig, sie zu beschriften und dabei auch das Herstellungsdatum zu vermerken. Für die eigenen Vorräte genügt ein schmuckloses Etikett. Geschenke aber verlangen nach besonderen Etiketten, die schön beschriftet werden. Ein Stück gemusterter Stoff, mit farbigem Band über den Deckel gespannt, verwandelt das schlichteste Glas in ein besonderes Stück. Konfitüren, Gelees und eingelegte Früchte wirken oft von sich aus schon so attraktiv, daß sie ohne weitere Dekoration auskommen. Das Verzieren von Gläsern und Flaschen macht auch viel Spaß – und zweifellos haben die Früchte Ihrer Arbeit diesen kleinen Aufwand verdient.

# Schönes Glas

Mit ihren intensiven Farben und dem verlockenden Aussehen kommen selbstzubereitete Vorräte in Glasgefäßen am schönsten zur Geltung. Glas ist auch deshalb ein ideales Material, weil es mit keiner der verwendeten Zutaten reagiert und außerdem vorsichtiges Erhitzen verträgt. Glasgefäße sind in ansprechenden, dekorativen Formen erhältlich. Jede Flasche und jedes Glas lassen sich, sofern dickwandig genug, verwenden. Daneben gibt es spezielle Einmachgläser für eine langfristige Lagerung. Grundsätzlich müssen die Gefäße vor der Verwendung sorgfältig gereinigt werden. Ihre Größe und Form werden oft durch das Einmachgut vorgegeben: für ganze Früchte große, weite Gläser, für Konfitüren, Gelees und Chutneys 450-g-Gläser.

# Sterilisieren von Flaschen, Gläsern und Verschlüssen

Für jede Art der Konservierung gilt, daß als erstes alle Gläser, Flaschen und Verschlüsse auf etwaige Sprünge und Risse überprüft, gereinigt und sterilisiert werden müssen. Nachfolgend eine Schritt-für-Schritt-Anleitung zum Sterilisieren.

- Von Gefäßen, die vorher etwas anderes enthielten, die alten Etiketten ablösen. Alle Gläser, Flaschen und Verschlüsse in heißem Wasser mit Spülmittel abwaschen und anschließend in heißem Wasser gründlich spülen.
- Ein Metallgitter in einen weiten, hohen Topf legen und die Gefäße daraufstellen.
- Die Gefäße mit heißem Wasser völlig bedecken, aufwallen lassen und 10 Minuten sprudelnd kochen lassen. Die Gefäße aus dem Wasser nehmen und umgedreht auf einem mehrfach gefalteten sauberen Küchentuch abtropfen lassen.
- Die Verschlüsse in kochendes Wasser tauchen und auf einem Küchentuch gründlich trocknen lassen.
- Den Backofen auf 110 °C vorheizen und die sterilisierten Gefäße darin trocknen (bei höheren Temperaturen können die Gläser platzen). Sie bleiben entweder im warmen Ofen oder werden, falls das Einmachgut in kalte Gefäße eingefüllt werden soll, herausgenommen und nach dem Abkühlen baldmöglichst verwendet.

## EIN WARNENDER HINWEIS

Wiederverwendete Flaschen und Gläser eignen sich für die kurzfristige Lagerung oder für die Aufbewahrung von Vorräten im Kühlschrank. Für eine längere Lagerung bietet der Handel spezielle Gläser und Flaschen mit luftdichtem Verschluß an. Um Vorräte zu verschenken oder hübsch zu präsentieren, werden sie dann umgefüllt.

**Eine stattliche Auswahl**

*Größe und Form der Gefäße sollten auf das Einmachgut abgestimmt werden. Glattwandige Gläser bringen Gelees mit ihrem verlockenden Schimmer besonders zur Geltung, während strukturiertes Glas den optischen Reiz aromatisierter Öle und Essige erhöht.*

*Die Flaschen und Gläser mit der Öffnung nach oben auf einen Rost und diesen in einen Topf setzen. Sie dürfen weder aneinanderstoßen noch gegen die Topfwand.*

*Alle Verschlüsse werden vor dem Gebrauch zum Sterilisieren in kochendes Wasser getaucht. Dabei eine Zange verwenden, um Verbrühungen an den Händen zu vermeiden.*

*Die sterilisierten Gläser mit der Öffnung nach oben auf ein Backblech setzen und zum Trocknen für etwa 15 Minuten in den auf 110 °C vorgeheizten Ofen schieben.*

# Konfitüren, Gelees und Süsses mehr

# KONFITÜREN

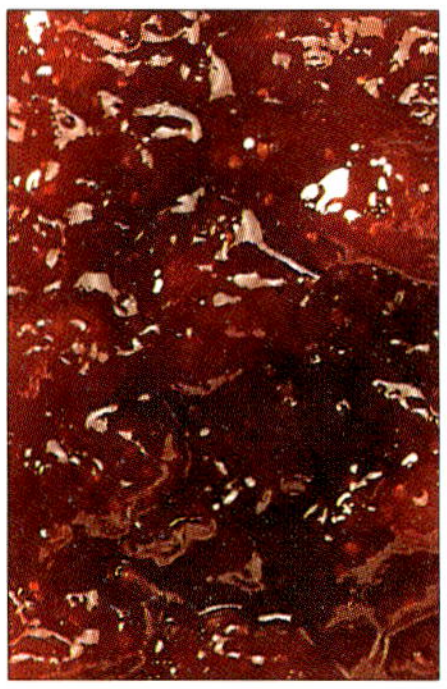

Wenn der Sommer Einzug hält, beginnt die Zeit des Marmeladekochens. So wird diese Arbeit in der Küche weiterhin genannt, wenngleich der Begriff »Marmelade« nur noch für Zubereitungen aus Zitrusfrüchten steht; alles andere sind Konfitüren. Vom Herd zieht ein fruchtiger Duft durchs Haus, wenn im Topf leise wallend eine Konfitüre von unvergleichlichem Geschmack entsteht. Nicht nur zum Frühstück, sondern auch bei der Zubereitung von Saucen, Puddings und anderen Desserts sowie beim Kuchen- und Plätzchenbacken sind Konfitüren eine unverzichtbare Zutat. Zwar sind heimische Früchte wie Äpfel, Himbeeren und schwarze Johannisbeeren noch immer die Spitzenreiter, doch vergrößert sich das Rezeptrepertoire durch exotische Früchte und Würzzugaben wie Ingwer. Gelungene Kombinationen bereichern nicht nur die Geschmacks-, sondern auch die Farbpalette. Rhabarber und Erdbeeren beispielsweise ergänzen sich geschmacklich ganz vorzüglich und verschmelzen zu einem bestechend schönen Rosenrot.

## KONFITÜREN HERSTELLEN

♦ Konfitüren bestehen aus zwei Hauptzutaten: Früchten und Zucker. Die Früchte müssen ein gewisses Maß an Pektin und Säure enthalten, damit die Konfitüre geliert; Zucker, in ausreichender Menge hinzugefügt, dient als Konservierungsmittel. Pektin ist ein natürliches Dickungsmittel, das nur in Früchten vorkommt. Frische und nicht ganz ausgereifte Früchte haben den höchsten Pektingehalt. Aus diesem Grunde sollten jeweils die Früchte verarbeitet werden, deren Saison gerade beginnt. Dagegen enthalten überreife Früchte sehr wenig Pektin, gelieren also nicht so gut und eignen sich daher besser für Chutneys. Besonders pektin- und säurereich sind Äpfel, Cranberries, Stachelbeeren, Johannisbeeren und Pflaumen. Etwa in der Mitte liegen Brombeeren, Reineclauden, Aprikosen, Loganbeeren und Himbeeren. Schlechte Pektinlieferanten schließlich sind Kirschen, Birnen, Ananas und Nektarinen. Damit Konfitüren aus diesen Früchten gelieren, müssen also Pektin und Säure zugesetzt werden. Früchte, die nicht gut gelieren, können mit solchen kombiniert werden, die dieses Kriterium erfüllen, so etwa Birnen mit Pflaumen oder Himbeeren mit roten Johannisbeeren. Eventuell muß zusätzlich Säure, etwa in Form von Zitronensaft, hinzugefügt werden. Alternativ bietet der Handel Pektin in flüssiger oder Pulverform an. Die richtige Dosis ist auf der Packung angegeben und unbedingt zu beachten. Trockenfrüchte wie Aprikosen ergeben recht gute Konfitüren, sofern sie nicht mit Schwefeldioxid konserviert wurden, das den Geliervorgang hemmen kann. Sie werden mindestens 24 Stunden eingeweicht, bevor sie gekocht werden. Auch einige Gemüsesorten wie Kürbis und Möhren können zu Konfitüren verarbeitet werden, gelieren jedoch nur bei Zugabe von reichlich Zitronensaft und sind mitunter auf aromatisierende Zutaten, zum Beispiel Gewürze, angewiesen.

♦ Zum Süßen eignen sich Rohr- und Rübenzuckerraffinade, die beide gleichermaßen gut konservieren. Besonders zu empfehlen ist jedoch Einmachzucker, der weniger schäumt und eine etwas hellere, klarere Konfitüre ergibt. Gelierzucker ist, speziell für die Zubereitung von Konfitüren, Marmeladen und Gelees, mit natürlichem Apfelpektin angereichert und sollte genau nach Packungsanweisung dosiert werden.

♦ Weitere Zutaten wie Nüsse und einige Eßlöffel Likör oder »Hochprozentiges« verleihen Konfitüren das gewisse Etwas. Sie werden erst in letzer Minute nach dem Abschäumen eingerührt.

♦ Zur Vorbereitung der Früchte alle Stiele, Blätter sowie schadhafte und angefaulte Stellen entfernen. Die Früchte vorsichtig waschen und mit Küchenpapier trockentupfen. Steinfrüchte sollten halbiert und entsteint werden. Bei manchen Rezepten werden zur Abrundung des Aromas einige Kerne hinzugegeben. Doch Achtung: Zu viele Kerne erzeugen einen

bitteren Geschmack. Zum Gewinnen der Kerne die Steine mit einem Hammer aufschlagen. Die Kerne kurz blanchieren und vor der Verwendung enthäuten.

♦ Alle Zutaten abwiegen und dabei die Mengenangaben in den Rezepten genau befolgen.

♦ Die vorbereiteten Früchte mit der erforderlichen Menge Wasser in den Einkochtopf geben und leise sprudelnd weich garen. In der Regel sollte die Mischung, damit die Konfitüre später richtig geliert, etwa um ein Drittel einkochen, bevor der Zucker hinzugefügt wird. Um die Saftbildung anzuregen, bei weichen Obstsorten einige Früchte auf dem Topfboden zerdrücken.

♦ Den Zucker erwärmen (siehe Kasten auf Seite 20), während die Früchte garen. Dieser Schritt ist zwar nicht zwingend nötig, doch löst sich warmer Zucker schneller auf. Er wird erst dann hinzugefügt, wenn die Früchte weich sind. Wird er dagegen zu früh in den Topf gegeben, werden die Früchte hart, was sich nicht mehr korrigieren läßt. Den gesamten Zucker auf einmal hinzufügen und bei niedriger Temperatur rühren, bis er sich völlig aufgelöst hat. Ein walnußgroßes Stück Butter, nach Belieben zu diesem Zeitpunkt in den Topf gegeben, vermindert die Schaumbildung. Nun die Temperatur erhöhen, die Mischung aufwallen und dann leise köcheln lassen, bis der Gelierpunkt erreicht ist. Nachdem der Zucker sich aufgelöst hat, möglichst wenig umrühren.

♦ Die *Gelierprobe* machen, dafür den Topf zunächst vom Herd ziehen, damit die Konfitüre nicht überkocht. Das zuverlässigste Ergebnis liefert ein Zuckerthermometer. Es wird, falls möglich, gleich zu Beginn an den Topfrand gehängt. So läßt sich die Temperatur in jeder Phase gut ablesen. Ist dies nicht möglich, das Thermometer in einem Gefäß mit heißem Wasser vorwärmen. Die Konfitüre umrühren und den Kolben des Thermometers völlig hineintauchen, wobei er jedoch nicht den Topfboden berühren darf. Zeigt das Thermometer 104 °C an, wird die Konfitüre richtig gelieren, wenn das Rezept genau befolgt wurde.

♦ Alternativ die Gelierprobe wie folgt durchführen: Einen Klecks Konfitüre auf einen kalten Teller geben und sogleich in den Kühlschrank stellen. Bildet sich auf der Konfitüre eine Haut, die sich bei Berührung mit einem Finger oder Löffel zieht, ist der Gelierpunkt erreicht.

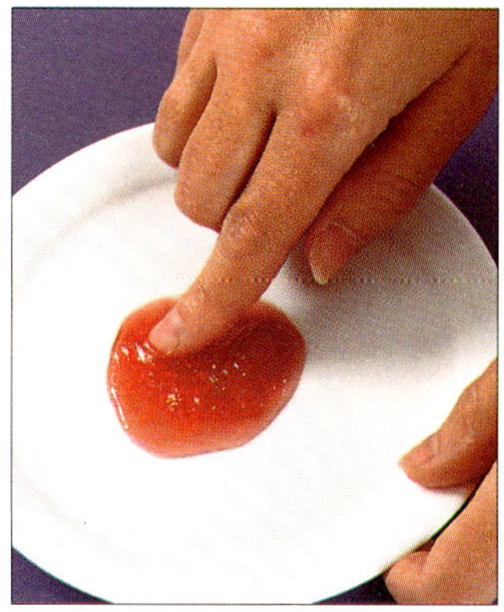

♦ Sobald die Konfitüre die richtige Konsistenz hat, wird sie mit einem langstieligen Löffel aus Edelstahl vorsichtig abgeschäumt. Die Konfitüre bis 3 mm unter den Rand in sterilisierte, getrocknete (siehe Seite 11) und vorgewärmte Gläser füllen. Manche Rezepte für Konfitüre aus ganzen Früchten sehen vor, sie vor dem Abfüllen leicht abkühlen zu lassen, wobei sich eine dünne Haut bildet und die Früchte sich gleichmäßig verteilen.

**VERSCHLIESSEN UND LAGERN**

Die Gläser entweder mit kunststoffbeschichteten Schraubdeckeln oder gewöhnlichen Twist-off-Deckeln aus Metall oder Hartplastik verschließen. Auch Wachsscheiben und kreisförmig zugeschnittenes Einmachcellophan sind zum Versiegeln geeignet. Dafür eine Wachsscheibe in passender Größe mit der Wachsseite nach unten auf den Glasinhalt legen. Sie sollte die Konfitüre genau abdecken, ohne sich am Rand nach oben zu biegen. Mit der Fingerspitze darüberstreichen, um etwaige Luftblasen zu entfernen. Anschließend ein angefeuchtetes Stück Cellophan mit einem Gummiring über den Glasrand spannen. Die Gläser beschriften und an einen kühlen, dunklen Ort oder in den Kühlschrank stellen.

**PANNEN UND IHRE URSACHEN**

Übermäßiges Kochen führt zu einer zu hohen Zuckerkonzentration, wodurch die Konfitüre kristallisiert. Gär- oder Fäulnisprozesse setzen ein, wenn die Konfitüre nicht ausreichend lange gekocht wurde, weiterhin bei falscher Lagerung oder wenn überreife, nasse oder schadhafte Früchte oder noch feuchte Gläser verwendet wurden. Eine sehr dunkle Färbung deutet auf zu heftiges Kochen in der ersten Phase hin oder daß nach Zugabe des Zuckers nicht stark genug gekocht wurde. Wurde der Gelierpunkt nicht erreicht, wird die Konfitüre nicht fest, was sich durch erneutes Kochen beheben läßt. Alternativ etwas Gelierzucker oder flüssiges Pektin hinzufügen (Achtung: Zuviel Pektin wirkt sich negativ auf den Geschmack aus). Als weitere mögliche Ursachen für eine zu flüssige Konsistenz sind ein Pektin- oder Säuredefizit oder unzureichendes Kochen zu nennen.

# Küchengeräte

*Zum Marmeladekochen wird kaum Spezialzubehör benötigt. Wer häufig Konfitüren zubereitet, sollte sich einen guten Einkochtopf zulegen. Die meisten anderen hier abgebildeten Geräte gehören zur üblichen Küchenausstattung.*

**Zitruspresse**
*Sie kann aus Glas oder Kunststoff sein.*

**Küchenwaagen**
*Sie werden in verschiedenen Ausführungen angeboten. In jedem Fall sollte die Skala bis 2 kg reichen.*

**Meßbecher**
*Er kann aus Kunststoff, Porzellan, Glas oder Edelstahl sein. Andere Metalle sind, besonders bei Verwendung von Zitronensaft, zu vermeiden.*

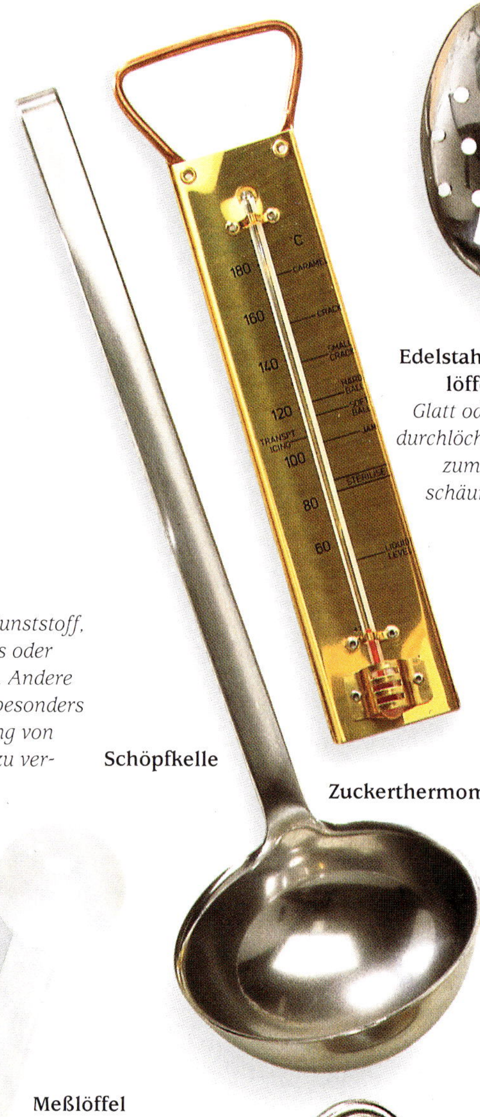

**Schöpfkelle**

**Zuckerthermometer**

**Edelstahllöffel**
*Glatt oder durchlöchert zum Abschäumen.*

**Meßlöffel**

**Schneidbrett, scharfe Edelstahlmesser und Gemüseschäler**

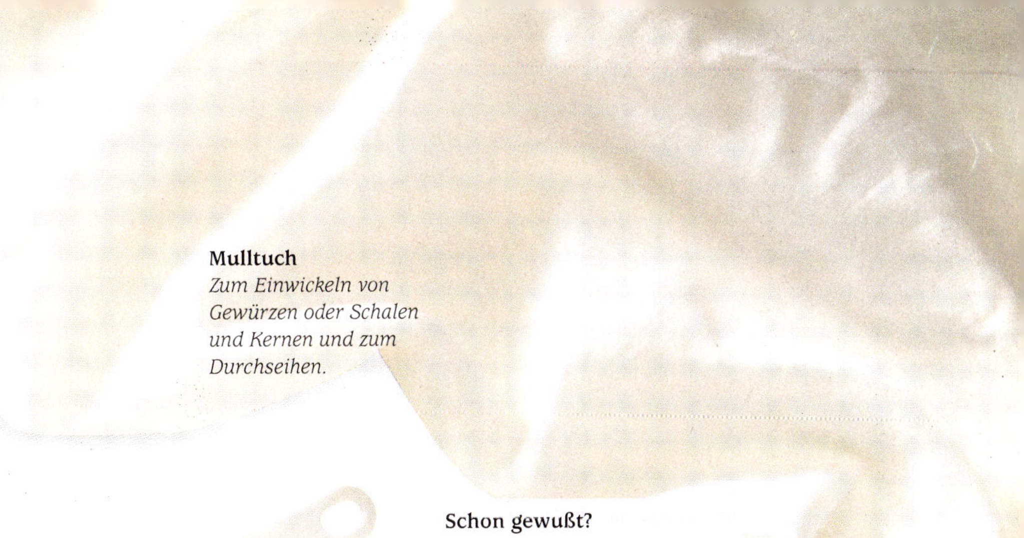

**Mulltuch**
*Zum Einwickeln von Gewürzen oder Schalen und Kernen und zum Durchseihen.*

**Holzlöffel**
*Sie sollten möglichst langstielig sein, um Verbrennungen durch hochspritzende Konfitüre zu vermeiden.*

**Kunststoffsiebe**
*Metallsiebe können den Geschmack von Konfitüren beeinträchtigen und sind daher ungeeignet.*

## Schon gewußt?

Gut sortierte Haushaltwarengeschäfte bieten verschiedene Gläser und Verschlüsse an. Optimal für eine langfristige Lagerung sind Gläser mit Schraubverschluß, der eine luftdichte Versiegelung garantiert. Wachsscheiben und Einmachcellophan empfehlen sich nur bei kürzerer Aufbewahrung. Die Wachsscheibe mit der Wachsseite nach unten auf die Konfitüre legen, glattstreichen, um Luftblasen zu entfernen, ein kreisförmig ausgeschnittenes und angefeuchtetes Stück Cellophan über das Glas spannen und mit einem Gummiring fixieren. In manchen Geschäften gibt es noch komplette Sets dafür zu kaufen.

**Etiketten**

**Einkochtopf**
*Ein weiter, eher flacher Einkochtopf aus hochwertigem Edelstahl eignet sich am besten zum schnellen Kochen von Früchten und Zucker. Messing oder Kupfer ist zu vermeiden, sofern nicht ausdrücklich im Rezept verlangt.*

**Gefäße**
*Gläser und Deckel müssen vor dem Einfüllen sterilisiert und sorgfältig getrocknet sein.*

**Trichter**
*Sie sind unerläßlich zum Umfüllen von Flüssigkeiten, besonders bei Flaschen und Gläsern mit engem Hals.*

# Pflaumen-Walnuss-Konfitüre

*Der Spätsommer mit seinem reichen Angebot an Pflaumen in unterschiedlichen Farben ist die richtige Zeit für diese Konfitüre. Eine Mischung aus roten und gelben Pflaumen ergibt ein faszinierendes warmes Pink. Gehackte Nüsse, in letzter Minute eingerührt, runden die Konfitüre raffiniert ab.*

ZUTATEN

*1 kg rote Pflaumen*

*1 kg gelbe Pflaumen*

*450 ml Wasser*

*1,8 kg Zucker, erwärmt (siehe Kasten auf Seite 20)*

*225 g Walnüsse, grob gehackt*

***Ergibt etwa 2 3/4 kg***

1 ◀ Die Pflaumen halbieren und entsteinen. Einige Steine mit einem Hammer aufschlagen und die Kerne herauslösen.

2 Die Kerne in einer Schüssel mit kochendem Wasser bedecken, nach 1 Minute abgießen. In einer Schüssel mit kaltem Wasser abschrecken, abtropfen lassen und die Haut abreiben.

3 ◀ Die Pflaumen, die Kerne und das abgemessene Wasser in einem Einkochtopf zum Kochen bringen. Danach bei verminderter Hitze 30–40 Minuten unter gelegentlichem Rühren köcheln lassen, bis die Haut der Pflaumen weich und das Fruchtfleisch gar ist. Die Menge sollte sich um etwa ein Drittel reduzieren.

4◀ Den erwärmten Zucker bei niedriger Temperatur einrühren, bis er sich völlig aufgelöst hat. Die Hitze hochschalten und die Konfitüre10 Minuten, ohne zu rühren, sprudelnd kochen lassen, bis der Gelierpunkt erreicht ist. Den Topf vom Herd ziehen.

5▼ Das Zuckerthermometer, falls verfügbar, sollte jetzt 104 °C anzeigen. Andernfalls die Gelierprobe durchführen (siehe Seite 15). Die Konfitüre mit einem langstieligen Edelstahllöffel vorsichtig abschäumen.

6▲ Die Walnüsse einrühren und die Konfitüre unverzüglich bis 3 mm unter den Rand in sterilisierte und vorgewärmte Gläser füllen. Die Gläser verschließen und beschriften.

**Pflaumenkuchen mit Gitter**
*Pflaumen-Walnuß-Konfitüre bildet einen herzhaften Belag, bedeckt von einem dekorativen Teiggitter.*

# Heidelbeerkonfitüre

## Zutaten

*1,8 kg Heidelbeeren*

*1,4 kg Zucker*

*Saft von 2 Zitronen*

*1 Prise Salz*

**1** Die Heidelbeeren mit der Hälfte des Zuckers, dem Zitronensaft und dem Salz in eine nicht-metallische Schüssel geben, durchmischen und zugedeckt etwa 5 Stunden ziehen lassen.

**2** Den Schüsselinhalt in einen Einkochtopf geben, den restlichen Zucker hinzufügen und bei niedriger Temperatur mit einem Holzlöffel rühren, bis er sich völlig aufgelöst hat.

**3** Die Mischung bei höherer Temperatur, und ohne zu rühren, 10–12 Minuten sprudelnd kochen lassen, bis der Gelierpunkt erreicht ist. Den Topf vom Herd nehmen und die Konsistenz mit dem Zuckerthermometer überprüfen: es sollte 104 °C anzeigen. Alternativ die Gelierprobe machen (siehe Seite 15).

**4** Die Konfitüre mit einem langstieligen Löffel aus Edelstahl gründlich abschäumen.

**5** Sterilisierte, vorgewärmte Gläser bis 3 mm unter den Rand mit der heißen Konfitüre füllen, verschließen und beschriften.

**Ergibt etwa 3 1/4 kg**

# Himbeer-Johannisbeer-Konfitüre

## Zutaten

*225 g rote Johannisbeeren*

*1,2 l Wasser*

*1,8 kg Himbeeren*

*2 1/4 kg Zucker, erwärmt (siehe Kasten auf Seite 20)*

**1** Die roten Johannisbeeren in einem Einkochtopf bei niedriger Temperatur aufsetzen. Sobald die Saftbildung einsetzt, das Wasser hinzugießen, alles einmal aufkochen und unter gelegentlichem Rühren 15 Minuten leise köcheln lassen.

**2** Über einem großen Meßbecher durch ein Kunststoffsieb streichen. Die Rückstände mit dem Rücken eines Holzlöffels ausdrücken, um den gesamten Saft zu gewinnen, und danach wegwerfen. Es werden 900 ml Saft benötigt, daher nötigenfalls den Saft noch weiter einkochen.

**3** Den Saft zurück in den Topf geben, die Himbeeren hinzufügen, alles einmal aufkochen und dann 10 Minuten leise wallend köcheln lassen. Den erwärmten Zucker dazugeben und rühren, bis er sich gänzlich aufgelöst hat.

**4** Die Mischung, ohne zu rühren, bei erhöhter Temperatur 10–15 Minuten sprudelnd kochen lassen. Den Topf vom Herd nehmen und mit dem Zuckerthermometer die Konsistenz überprüfen – es sollte 104 °C anzeigen – oder die Gelierprobe machen (siehe Seite 15).

**5** Die Konfitüre mit einem langstieligen Edelstahllöffel vorsichtig abschäumen und sogleich bis 3 mm unter den Rand in vorgewärmte sterilisierte Gläser füllen. Verschließen und beschriften.

**Ergibt etwa 3 1/4 kg**

**Von links nach rechts:**
*Heidelbeerkonfitüre, Ananaskonfitüre und Himbeer-Johannisbeer-Konfitüre*

# Brombeer-Apfel-Konfitüre

**ZUTATEN**

*1 kg Kochäpfel*

*300 ml Wasser*

*1,8 kg Brombeeren*

*2 3/4 kg Zucker, erwärmt (siehe Kasten auf Seite 20)*

**1** Die Äpfel schälen, vom Kerngehäuse befreien und grob hacken – netto werden etwa 675 g benötigt. Mit der Hälfte des Wassers in einem mittelgroßen Topf einmal aufkochen lassen, danach bei verminderter Temperatur unter gelegentlichem Rühren etwa 10 Minuten leise sprudelnd garen, bis die Äpfel weich sind. Den Topf vom Herd nehmen.

**2** Die Brombeeren mit dem restlichen Wasser in einem Einkochtopf zum Kochen bringen und anschließend 15 Minuten leise köcheln lassen, bis sie weich sind. Die Äpfel hinzufügen, alles aufkochen lassen und den erwärmten Zucker mit einem Holzlöffel unterrühren, bis er sich völlig aufgelöst hat.

**3** Die Temperatur hochschalten und die Mischung etwa 10 Minuten sprudelnd kochen lassen, ohne dabei zu rühren. Den Topf vom Herd nehmen und das Zuckerthermometer hineinhalten, es soll 104 °C anzeigen. Alternativ die Gelierprobe machen (siehe Seite 15).

**4** Mit einem langstieligen Edelstahllöffel die Konfitüre vorsichtig abschäumen und dann sogleich bis 3 mm unter den Rand in sterilisierte und vorgewärmte Gläser füllen. Die Gläser verschließen und beschriften.

**Ergibt etwa 4 1/2 kg**

# Ananaskonfitüre

**ZUTATEN**

*2 reife Ananas, mit Blattschopf etwa 1,4 kg*

*Zucker*

*2 unbehandelte Zitronen*

**1** Von den Ananas den Blattschopf abschneiden. Die Schale in Streifen so dick abschälen, daß auch die »Augen« mit entfernt werden. Die Ananas quer in dicke Scheiben schneiden, jeweils die holzige Mitte herausschneiden und wegwerfen, das Fruchtfleisch würfeln, wiegen und in einen Topf geben. Pro 450 g Fruchtfleisch 450 g Zucker abwiegen, erwärmen (siehe Kasten auf Seite 20) und zu den Ananaswürfeln geben.

**2** Pro 450 g Fruchtfleisch 1 Zitrone verwenden. Die gelbe Schale dünn abschälen und feinstreifig schneiden. Die Zitronen halbieren und auspressen, Kerne und Saft beiseite stellen. Die ausgepreßten Hälften grob hacken, zusammen mit den Kernen in ein Mulltuch einschlagen und dieses mit einer langen Schnur zu einem Säckchen binden.

**3** Zitronenschalen und -saft zum Ananasfruchtfleisch in den Topf geben, das Mullsäckchen an den Topfgriff binden. Bei niedriger Temperatur rühren, bis der Zucker sich ganz aufgelöst hat. Die Temperatur erhöhen, alles einmal aufkochen und etwa 1 1/2 Stunden leise köcheln lassen, dabei gelegentlich rühren. Den Topf vom Herd nehmen und die Gelierprobe machen (siehe Seite 15). Diese Konfitüre geliert leichter als die meisten anderen. Das Mullsäckchen fest ausdrücken und wegwerfen.

**4** Mit einem langstieligen Löffel aus Edelstahl den Schaum vorsichtig abschöpfen und die Konfitüre sogleich bis 3 mm unter den Rand einfüllen in sterilisierte, vorgewärmte Gläser. Die Gläser verschließen und beschriften.

**Ergibt etwa 1 1/2 kg**

## Nektarinenkonfitüre

**Zutaten**

*1 kg Nektarinen*

*1/4 l Wasser*

*675 g Gelierzucker*

*Nektarinen enthalten, wie Pfirsiche auch, wenig Pektin, so daß sich die Verwendung von Gelierzucker empfiehlt, der mit Pektin angereichert ist. Da dieser Zucker zusätzlich auch Zitronensäure enthält, muß in dem Fall kein Zitronensaft hinzugefügt werden. Nach nur 4 Minuten ist der Gelierpunkt erreicht.*

**1** Die Nektarinen halbieren und entsteinen, aber nicht häuten, und grob hacken.

**2** Mit dem Wasser in einen Einkochtopf geben und 15 Minuten leise köchelnd garen, bis das Fruchtfleisch weich ist.

**3** Die Nektarinen mit einem Kartoffelstampfer zerdrücken. Den Zucker hinzufügen und bei niedriger Temperatur mit einem Holzlöffel rühren, bis er sich völlig aufgelöst hat.

**4** Die Temperatur erhöhen und die Mischung, ohne zu rühren, nur 4 Minuten sprudelnd kochen lassen.

**5** Den Topf vom Herd ziehen, mit einem langstieligen Edelstahllöffel den Schaum behutsam abschöpfen und die Konfitüre etwas abkühlen lassen.

**6** Bis 3 mm unter den Rand in sterilisierte und vorgewärmte Gläser füllen, verschließen und beschriften.

**Ergibt etwa 675 g**

**Nützlicher Tip** Ein kleines, scharfes Messer ist zum Entsteinen ideal. Die Früchte halbieren, der Schnitt verläuft entlang der seitlichen Einbuchtung. Die beiden Hälften mit einem Ruck in entgegengesetzter Richtung drehen und den Stein mit dem Messer herauslösen.

## Loganbeerenkonfitüre

**Zutaten**

*2 3/4 kg Loganbeeren*

*Saft von 1 Zitrone*

*2 3/4 kg Zucker, erwärmt (siehe Kasten auf Seite 20)*

*Die saftigen, sehr aromatischen Loganbeeren sehen großen Himbeeren ähnlich. Wahrscheinlich sind die weinroten Früchte aus einer Kreuzung aus Brombeere und Himbeere hervorgegangen. Das Marktangebot ist leider noch nicht sehr umfangreich.*

**1** Die Loganbeeren mit dem Zitronensaft in einen Einkochtopf geben, bei mittlerer Temperatur köcheln lassen und dabei rühren, bis Saft austritt. Die Mischung aufwallen lassen und bei verringerter Temperatur 15–20 Minuten unter gelegentlichem Rühren leise sprudelnd garen, bis die Beeren weich sind.

**2** Den erwärmten Zucker hinzufügen und mit einem Holzlöffel rühren, bis er sich völlig aufgelöst hat.

**3** Die Temperatur erhöhen und die Mischung sprudelnd kochen lassen, ohne zu rühren. Nach 4–6 Minuten überprüfen, ob der Gelierpunkt erreicht ist. Den Topf vom Herd nehmen und das Zuckerthermometer hineinhalten, es soll 104 °C anzeigen. Alternativ die Gelierprobe machen (siehe Seite 15).

**4** Den Schaum von der Oberfläche vorsichtig abschöpfen, dafür einen langstieligen Edelstahllöffel verwenden.

**5** Die Konfitüre sogleich bis 3 mm unter den Rand in vorgewärmte sterilisierte Gläser einfüllen. Die Gläser verschließen und beschriften.

**Ergibt etwa 4 1/2 kg**

**Variationen**

Himbeeren sind einen guter Ersatz für Loganbeeren. Ebenso Boysenbeeren, Brombeeren sowie Beerenmischungen. Wilde oder frisch gepflückte Beeren verleihen Konfitüren den besten Geschmack.

## Rhabarber-Erdbeer-Konfitüre

ZUTATEN

*1,4 kg Rhabarber*

*450 g Erdbeeren*

*1,4 kg Zucker*

*3 unbehandelte Zitronen*

*Rhabarber und Erdbeeren ergeben zusammen eine wunderbar aromatische Konfitüre mit ganzen Fruchtstücken.*

**1** Den Rhabarber putzen und die Stiele in gut 1 cm lange Stücke schneiden, die Erdbeeren entstielen und halbieren. Die Fruchtstücke mit dem Zucker lagenweise in eine nicht-metallische Schüssel geben. Die Zitronen halbieren und auspressen, die Kerne und die ausgepreßten Hälften beiseite legen und den Saft über die Früchte träufeln. Zugedeckt über Nacht Saft ziehen lassen.

**2** Die ausgepreßten Zitronen grob hacken, mit den Kernen fest in ein Mulltuch einschlagen und dieses mit einer Schnur zu einem Säckchen verschnüren. Die Rhabarber-Erdbeer-Mischung in einen Einkochtopf geben und das Mullsäckchen so an einen Topfgriff binden, daß es auf den Früchten ruht.

**3** Das Ganze bei starker Hitze aufwallen lassen und, ohne zu rühren, 15 Minuten sprudelnd kochen lassen. Den Topf vom Herd nehmen und die Gelierprobe machen (siehe Seite 15) oder das Zuckerthermometer hineinhalten: Der Gelierpunkt ist erreicht, wenn es 104 °C anzeigt. Das Mullsäckchen kräftig ausdrücken und entfernen.

**4** Mit einem langstieligen Edelstahllöffel den Schaum von der Oberfläche vorsichtig abschöpfen und die Konfitüre sogleich bis 3 mm unter den Rand in sterilisierte, vorgewärmte Gläser füllen. Verschließen und beschriften.

**Ergibt etwa 2 kg**

**Oben:** *Rhabarber-Erdbeer-Konfitüre;* **rechts:** *Aprikosenkonfitüre*

## Aprikosenkonfitüre

ZUTATEN

*2 3/4 kg Aprikosen*

*600 ml Wasser*

*Saft von 1 Zitrone*

*2 3/4 kg Zucker, erwärmt (siehe Kasten auf Seite 20)*

**1** Die Aprikosen halbieren und entsteinen. Einige der Steine mit einem Hammer aufschlagen, die Kerne herausholen und den Rest wegwerfen. Die Kerne in einer kleinen Schüssel mit kochendem Wasser bedecken. Nach 1 Minute abgießen, in eine Schüssel mit kaltem Wasser geben, abtropfen lassen, die Haut mit den Fingern abreiben.

**2** Die Aprikosen mit den Kernen, dem abgemessenen Wasser und dem Zitronensaft in einem Einkochtopf zum Kochen bringen. Die Hitze reduzieren und die Aprikosen unter gelegentlichem Rühren 20–30 Minuten leise sprudelnd garen, bis sie weich sind; der Topfinhalt sollte dabei um etwa ein Drittel einkochen. Den erwärmten Zucker hinzufügen und rühren, bis er sich völlig aufgelöst hat.

**3** Die Temperatur hochschalten und die Konfitüre 10 Minuten kochen, dabei nicht rühren. Den Topf vom Herd nehmen und mit dem Zuckerthermometer die Konsistenz überprüfen – es sollte 104 °C anzeigen – oder die Gelierprobe machen (siehe Seite 15).

**4** Die Konfitüre mit einem langstieligen Edelstahllöffel vorsichtig abschäumen und dann gleich bis 3 mm unter den Rand in warme, sterilisierte Gläser einfüllen. Verschließen und beschriften.

**Ergibt etwa 4 1/2 kg**

## Schwarze Johannisbeerkonfitüre

ZUTATEN

*1,8 kg schwarze Johannisbeeren*

*1,4 l Wasser*

*2 3/4 kg Zucker, erwärmt (siehe Kasten auf Seite 20)*

*Mit ihrem hohen Pektingehalt sind schwarze Johannisbeeren die idealen Früchte für Konfitüre. Sie werden mit einer Gabel von den Stielen gestreift – gleich über dem Topf, um Saftverlust zu vermeiden..*

1 Die schwarzen Johannisbeeren mit dem Wasser in einem Einkochtopf zum Kochen bringen und bei verminderter Temperatur 50–60 Minuten leise köcheln lassen, bis ihre Haut weich ist und die Früchte gar sind, dabei gelegentlich mit einem Holzlöffel rühren. Die Mischung sollte etwa um ein Drittel einkochen.

2 Den vorgewärmten Zucker dazugeben und bei niedriger Temperatur rühren, bis er sich ganz aufgelöst hat.

3 Die Temperatur erhöhen und die Mischung 6–8 Minuten sprudelnd kochen lassen, ohne zu rühren (bei dieser Konfitüre ist der Gelierpunkt schnell erreicht). Den Topf vom Herd nehmen und das Zuckerthermometer hineinhalten – es muß 104 °C anzeigen – oder die Gelierprobe machen (siehe Seite 15).

4 Die Konfitüre mit einem langstieligen Edelstahllöffel behutsam abschäumen.

5 Sterilisierte, vorgewärmte Gläser bis 3 mm unter den Rand mit der heißen Konfitüre füllen, verschließen und beschriften.

**Ergibt etwa 3 1/4 kg**

## Reineclaudenkonfitüre

ZUTATEN

*2 kg Reineclauden*

*450 ml Wasser*

*1,8 kg Zucker, erwärmt (siehe Kasten auf Seite 20)*

1 Die Reineclauden halbieren, entsteinen und wiegen – es werden etwa 1,8 kg benötigt. Einige der Steine mit einem Hammer aufschlagen, die Kerne herauslösen und in einer kleinen Schüssel mit kochendem Wasser übergießen. Nach 1 Minute die Kerne abgießen, in eine Schüssel mit kaltem Wasser geben, erneut abgießen und mit den Fingern die Haut abreiben.

2 Reineclauden, Kerne und Wasser in einen Kupfer- oder Messingtopf geben. Einmal aufwallen lassen und bei verminderter Temperatur unter gelegentlichem Rühren 30–40 Minuten leise sprudelnd kochen lassen, bis die Reineclauden durch und durch weich sind und der Topfinhalt etwa um ein Drittel eingekocht ist.

3 Den erwärmten Zucker hinzufügen und bei niedriger Temperatur rühren, bis er sich völlig aufgelöst hat.

4 Die Temperatur hochschalten und die Mischung, ohne zu rühren, etwa 10 Minuten sprudelnd kochen lassen. Den Topf vom Herd nehmen und das Zuckerthermometer hineinhalten, es sollte 104 °C anzeigen. Alternativ die Gelierprobe machen (siehe Seite 15).

5 Mit einem langstieligen Löffel aus Edelstahl den Schaum vorsichtig abschöpfen.

6 Die Konfitüre sogleich bis 3 mm unter den Rand in vorgewärmte sterilisierte Gläser füllen, verschließen und beschriften.

**Ergibt etwa 2 1/4 kg**

**Schon gewußt?** Konfitüren aus Reineclauden oder Stachelbeeren verblassen bei der Zubereitung in einem Edelstahltopf leicht, deshalb einen Kupfer- oder Messingtopf verwenden.

## Äpfel-Ingwer-Konfitüre

ZUTATEN

*2 3/4 kg Kochäpfel*

*1,2 l Wasser*

*2 TL frisch geriebener Ingwer*

*fein abgeriebene Schale und Saft von 4 unbehandelten Zitronen*

*75 g kandierter oder in Sirup eingelegter Ingwer*

*2 3/4 kg Zucker, erwärmt (siehe Kasten auf Seite 20)*

**1** Die Äpfel schälen, vom Kerngehäuse befreien und grob hacken. Schalen und Kerngehäuse in ein Mulltuch binden. Äpfel und Wasser mit dem geriebenen Ingwer, der Zitronenschale und dem -saft in einen Einkochtopf geben. Den Mullbeutel am Topfgriff anbinden. Alles einmal aufwallen lassen und dann bei verringerter Temperatur 10 Minuten leise köcheln lassen, bis die Äpfel gar sind, dabei gelegentlich rühren. Den Mullbeutel kräftig ausdrücken und wegwerfen.

**2** Den kandierten oder eingelegten Ingwer hacken und beiseite stellen. Den erwärmten Zucker zu den Äpfeln geben und bei niedriger Temperatur rühren, bis er sich ganz aufgelöst hat.

**3** Die Mischung bei erhöhter Temperatur, ohne zu rühren, etwa 10 Minuten sprudelnd kochen lassen. Den Topf vom Herd ziehen und die Konsistenz mit dem Zuckerthermometer überprüfen – es sollte 104 °C anzeigen – oder die Gelierprobe machen (siehe Seite 15).

**4** Mit einem langstieligen Löffel aus Edelstahl den Schaum vorsichtig abschöpfen. Den gehackten Ingwer einrühren, die Konfitüre bis 3 mm unter den Rand in sterilisierte und vorgewärmte Gläser füllen, verschließen und beschriften.

**Ergibt etwa 4 kg**

## Stachelbeerkonfitüre mit Holunderblüten

ZUTATEN

*1,8 kg Stachelbeeren*

*600 ml Wasser*

*5 große Holunderblütendolden*

*2 1/4 kg Zucker, erwärmt (siehe Kasten auf Seite 20)*

**1** Von den Stachelbeeren die Stengel und Blütenansätze abschneiden. Die Beeren mit dem Wasser in einen Einkochtopf aus Kupfer oder Messing (siehe Kasten auf Seite 26) geben.

**2** Die Blütendolden entstielen, waschen und auf ein großes Mulltuch geben. Dieses mit einer langen Schnur zu einem Beutel verschnüren und so an einem Topfgriff anbinden, daß es auf den Früchten ruht. Das Ganze einmal aufsprudeln lassen und bei verminderter Temperatur unter gelegentlichem Rühren 30–40 Minuten köcheln lassen, bis die Früchte weich sind und die Mischung um etwa ein Drittel eingekocht ist. Den Mullbeutel gründlich ausdrücken und entfernen.

**3** Den erwärmten Zucker in den Topf geben und bei niedriger Temperatur rühren, bis er sich völlig aufgelöst hat.

**4** Die Temperatur erhöhen und die Mischung 6–8 Minuten sprudelnd kochen lassen, ohne dabei zu rühren. Den Topf vom Herd nehmen und mit dem Zuckerthermometer, das 104 °C anzeigen sollte, oder der Gelierprobe (siehe Seite 15) die Konsistenz überprüfen.

**5** Den Schaum mit einem langstieligen Edelstahllöffel vorsichtig abschöpfen.

**6** Die Konfitüre sofort bis 3 mm unter den Rand in sterilisierte, vorgewärmte Gläser füllen. Die Gläser verschließen und beschriften.

**Ergibt etwa 3 1/4 kg**

# Süsse Spezialitäten

Dieses Kapitel ist typisch für die angelsächsische Küche, wo diese Spezialitäten »Preserves« und »Conserves« heißen, für die es kein adäquates deutsches Synonym gibt. »Preserves« sind ganze Früchte oder Fruchtstücke in dickem Sirup. Die nüchterne Definition trifft zwar den Sachverhalt, vermag aber nichts von den kulinarischen Freuden sonnengereifter Früchte zu vermitteln, deren Aroma durch den Zucker bestens konserviert wurde. Nahezu alle Fruchtarten können dafür verwendet werden. Pfirsiche, Birnen und Erdbeeren eignen sich ebenso wie Melonen, Kiwis und viele andere einheimische und exotische Früchte, wobei durch Kombinationen reizvolle Geschmacksnuancen entstehen. Diese Früchte werden solo oder zu Eiscreme als Dessert serviert, auch als Unterlage für einen Tortenboden. »Conserves« könnte man als Mittelding zwischen Konfitüre und »Preserves« beschreiben. Häufig werden sie aus zwei oder mehr Fruchtarten zubereitet – meist ist eine Zitrusfrucht dabei –, mitunter werden auch Rosinen und Nüsse zugefügt. Ob als Aufstrich, Dessertsauce oder auch als Beigabe zu herzhaften Gerichten, sind sie auch aus unserer Küche nicht wegzudenken.

## Süsse Spezialitäten herstellen

♦ Die Früchte sollten bei der Ernte oder beim Kauf noch nicht ganz ausgereift sein. Auch Trockenfrüchte – Pflaumen, Rosinen und Aprikosen – können verwendet werden, sofern sie nicht geschwefelt sind, was den Geliervorgang beeinträchtigt. Vor der Verwendung grundsätzlich über Nacht einweichen.

♦ Das Einmachgut vorbereiten. Bei weichen Früchten schadhafte oder faulende Exemplare aussortieren, bei festfleischigen Sorten wie Birnen beschädigte Stellen herausschneiden. Die Früchte waschen, weiche Sorten in möglichst wenig kaltem Wasser abspülen. Die Früchte auf Küchenpapier abtropfen lassen und sorgfältig trockentupfen. Steinfrüchte werden halbiert und entsteint, wobei manche Rezepte die Verwendung einiger Kerne verlangen.

♦ Für »Preserves« die Früchte lagenweise mit Zucker in eine nicht-metallische Schüssel geben und über Nacht durchziehen lassen. Da die Früchte dabei Saft abgeben, werden sie so etwas fester, wodurch sie bei der weiteren Verarbeitung ganz bleiben. Am folgenden Tag werden die Früchte in ihrem zuckerhaltigen Saft bei hoher Temperatur gekocht, bis sich ein konzentrierter Sirup bildet, in dem sie, wenn das Ganze abkühlt, gleichmäßig verteilt sind.

♦ »Conserves« werden ganz ähnlich wie Konfitüren hergestellt, doch sind die Kochzeiten kürzer, wodurch das Aroma besser erhalten bleibt. Die Früchte werden bei niedriger Temperatur erhitzt, so daß sich der Zucker völlig auflöst, und dann kurz sprudelnd gekocht, bis die Mischung leicht geliert.

♦ Für die *Gelierprobe* einen Klecks der Mischung auf einen kalten Teller geben und in den Kühlschrank stellen. Bilden sich auf der Oberfläche beim Zusammenschieben mit dem Finger leichte Falten, ist die richtige Konsistenz erreicht.

♦ Wird Schalenobst oder Alkohol, zum Beispiel blanchierte oder gehobelte Mandeln oder Grand Marnier, hinzugefügt, diese erst in letzter Minute einrühren, da sich beim Kochen ihr Aroma verliert. Die »Preserves« oder »Conserves« in vorgewärmte sterilisierte Gläser füllen (siehe Seite 11).

### VERSCHLIESSEN UND LAGERN

Die Gläser gleich nach dem Einfüllen mit kunststoffbeschichteten Schraubdeckeln luftdicht verschließen und beschriften. Im Gegensatz zu Konfitüren sollten »Preserves« und »Conserves« innerhalb von 3 Monaten verbraucht werden. Für eine längere Zeit (bis zu 6 Monate) im Kühlschrank lagern.

### PANNEN UND IHRE URSACHEN

Zerfallen im ganzen eingemachte Früchte, wurden sie entweder nicht über Nacht in Zucker eingelegt oder zu lange gekocht. Schrumpft der Glasinhalt, ist der Verschluß undicht oder die Umgebung zu warm. Lufteinschlüsse entstehen, wenn das Einmachgut beim Einfüllen bereits zu stark abgekühlt war. Im übrigen können die gleichen Pannen wie bei Konfitüren auftreten (siehe Seite 15).

## Backpflaumen in Nelkenteesirup

**ZUTATEN**

*675 g Backpflaumen*

*675 g Rosinen*

*675 g Korinthen*

*1,2 l heißer, starker Schwarztee*

*450 g dunkler Muscovado (nicht raffinierter Rohrzucker)*

*3-5 ganze Gewürznelken*

*Saft von 1 Zitrone*

*100 g blanchierte Mandelkerne*

*100 ml Weinbrand oder Kirsch*

**1** Die Pflaumen entsteinen und grob hacken. Einige der Steine mit einem Hammer aufschlagen und die Kerne herauslösen.

**2** Die Kerne in einer kleinen Schüssel mit kochendem Wasser bedecken, nach 1 Minute abgießen, in eine Schüssel mit kaltem Wasser geben, abtropfen lassen und die Haut mit den Fingern abreiben.

**3** Die Pflaumen und die Kerne mit den Rosinen und Korinthen in eine nicht-metallische Schüssel geben, mit dem heißen Tee übergießen und zugedeckt über Nacht stehen lassen.

**4** Den Schüsselinhalt in einen Einkochtopf geben. Zucker, Gewürznelken und Zitronensaft einrühren, den Topf aufsetzen und bei niedriger Temperatur mit einem Holzlöffel rühren, bis sich der Zucker völlig aufgelöst hat.

**5** Die Mischung einmal aufwallen und unter ständigem Rühren 12 Minuten köchelnd eindicken lassen. Den Topf vom Herd nehmen und die Gelierprobe machen (siehe Seite 28). Die Mandelkerne und den Weinbrand oder Kirsch einrühren.

**6** Vorgewärmte sterilisierte Gläser bis 3 mm unter den Rand mit der Mischung füllen, verschließen und beschriften.

**Ergibt etwa 3 1/4 kg**

## Pfirsich-Melonen-Sirup

**ZUTATEN**

*1,2 kg Pfirsiche*

*1,4 kg Melone*

*1,4 kg Zucker*

*50 ml Zitronensaft*

*1 Prise frisch geriebener Ingwer*

*100 g gehäutete, blanchierte Mandelkerne*

**1** Die Pfirsiche entsteinen, häuten und grob hacken. Die Melone schälen, die Kerne entfernen und das Fruchtfleisch in größere Stücke schneiden. Von beiden Fruchtsorten wird jeweils etwa 1 kg benötigt.

**2** Die Früchte mit dem Zucker lagenweise in eine nicht-metallische Schüssel geben und zugedeckt über Nacht ziehen lassen.

**3** Den Schüsselinhalt mit dem Zitronensaft und dem geriebenen Ingwer in einen Einkochtopf geben und bei niedriger Temperatur rühren, bis sich der Zucker gänzlich aufgelöst hat.

**4** Die Temperatur hochschalten und die Mischung 20 Minuten sprudelnd kochen lassen, bis sie eindickt.

**5** Den Topf vom Herd nehmen und leicht abkühlen lassen, bis die Früchte im dicken Sirup nicht mehr nach unten sinken. Die Mandeln grob hacken und vorsichtig einrühren. Die Mischung bis 3 mm unter den Rand in sterilisierte, vorgewärmte Gläser einfüllen. Die Gläser verschließen und beschriften.

**Ergibt etwa 2 3/4 kg**

**Oben:** *Pfirsich-Melonen-Sirup;* **oben rechts:** *Backpflaumen in Nelkenteesirup*

# Ganze Erdbeeren in Sirup

## Zutaten

*1,8 kg kleine Erdbeeren*

*1,8 kg Zucker*

*Saft von 1 Zitrone*

*Ganze Erbeeren schwimmen in einem aromatischen Sirup.*

**1** Die Erdbeeren entstielen, lagenweise mit dem Zucker in eine nicht-metallische Schüssel füllen und zugedeckt über Nacht durchziehen lassen.

**2** Den Schüsselinhalt mit dem Zitronensaft in einen Einkochtopf geben, aufwallen lassen und 5 Minuten leise köcheln lassen. Die Erdbeermischung zurück in die Schüssel geben und erneut 24 Stunden zugedeckt ziehen lassen.

**3** Die Erdbeeren mitsamt dem Saft 20-25 Minuten sprudelnd kochen, bis der Sirup so konzentriert ist, daß die Früchte nicht mehr nach unten sinken. Die Mischung bis 3 mm unter den Rand in sterilisierte und vorgewärmte Gläser füllen, diese verschließen und beschriften.

**Ergibt etwa $2\,^1/_4$ kg**

**Nützlicher Tip** Ganze Erdbeeren in Sirup lassen sich gut für »Erdbeeren Pawlowa« verwenden: Eine Lage in eine Baiserschale verteilen und mit geschlagener Sahne und frischen Erdbeeren krönen.

# Aprikosen-Mandel-Sirup

## Zutaten

*1 kg getrocknete Aprikosen*

*$2\,^1/_4$ l Wasser*

*Saft von 2 Zitronen*

*1,8 kg Zucker, erwärmt (siehe Kasten auf Seite 36)*

*175 g blanchierte Mandeln*

**1** Die Aprikosen grob hacken, mit dem Wasser in eine nicht-metallische Schüssel geben und zugedeckt über Nacht stehen lassen.

**2** Den Schüsselinhalt in einen Einkochtopf geben und den Zitronensaft hinzufügen. Das Ganze einmal aufkochen und dann 15–20 Minuten leise köcheln lassen, bis die Aprikosen richtig weich sind. Den erwärmten Zucker zugeben und bei niedriger Temperatur mit einem Holzlöffel rühren, bis er sich völlig aufgelöst hat.

**3** Die Mischung, ohne zu rühren, 10–12 Minuten sprudelnd eindicken lassen. Den Topf vom Herd ziehen, die Gelierprobe machen (siehe Seite 28), die Mandeln einrühren und die Mischung leicht abkühlen lassen.

**4** Bis 3 mm unter den Rand in sterilisierte, vorgewärmte Gläser füllen, verschließen und beschriften.

**Ergibt etwa $3\,^1/_4$ kg**

# Stachelbeer-Mandel-Traum

## Zutaten

*1 kg Stachelbeeren*

*175 ml Zitronensaft*

*300 ml Wasser*

*1 kg Zucker, erwärmt (siehe Kasten auf Seite 36)*

*100 g gehobelte Mandeln*

**1** Von den Stachelbeeren die Stengel und Blütenansätze abschneiden.

**2** Stachelbeeren, Zitronensaft und Wasser mit dem erwärmten Zucker in einen Kupfer- oder Messingtopf geben (siehe Kasten auf Seite 26) und bei niedriger Temperatur rühren, bis sich der Zucker völlig aufgelöst hat.

**3** Die Mischung unter gelegentlichem Rühren 15–20 Minuten sprudelnd eindicken lassen. Den Topf vom Herd nehmen und die Gelierprobe machen (siehe Seite 28). Die Mandeln einrühren und das Ganze etwas abkühlen lassen.

**4** In warme sterilisierte Gläser bis 3 mm unter den Rand einfüllen, verschließen und beschriften.

**Ergibt etwa 1,4 kg**

## Melonen-Orangen-Sirup

**Zutaten**

*2,1 kg Melone*

*775 g Zucker*

*fein abgeriebene Schale und Saft von 1 großen unbehandelten Orange*

*Saft von 1 Zitrone*

**1** Die Melone schälen, die Kerne entfernen, das Fruchtfleisch in gut 1 cm große Würfel schneiden und wiegen – es werden 1,4 kg benötigt. Die Melonenstücke lagenweise mit dem Zucker in eine nicht-metallische Schüssel geben und zugedeckt über Nacht durchziehen lassen.

**2** Den Schüsselinhalt mit der Orangenschale sowie dem Orangen- und Zitronensaft in einen Einkochtopf geben.

**3** Das Ganze bei hoher Temperatur aufwallen und 20–25 Minuten sprudelnd kochen lassen, wobei der Sirup eindickt. Leicht abkühlen lassen, bis die Fruchtstücke nicht mehr nach unten sinken.

**4** Die Mischung bis 3 mm unter den Rand in sterilisierte, vorgewärmte Gläser einfüllen, verschließen und beschriften.

**Ergibt etwa 1,4 kg**

## Birnen mit Cashewkernen

**Zutaten**

*1 kg Birnen*

*300 ml Wasser*

*Saft von 1 Zitrone*

*1,2 kg Zucker, erwärmt (siehe Kasten auf Seite 36)*

*75 g Cashewkerne*

1 Die Birnen schälen, halbieren, die Kerngehäuse entfernen und das Fruchtfleisch würfeln. Mit dem Wasser und dem Zitronensaft in einem Topf zum Kochen bringen und 10 Minuten leise köchelnd garen, bis die Birnen weich sind.

2 Den erwärmten Zucker zufügen und bei niedriger Temperatur rühren, bis er sich völlig aufgelöst hat. Die Mischung 15–20 Minuten sprudelnd kochen lassen, bis sie eindickt, vom Herd nehmen und die Gelierprobe machen (siehe Seite 28). Die Cashewkerne hacken, in die Mischung einrühren und das Ganze leicht abkühlen lassen.

3 Vorgewärmte sterilisierte Gläser bis 3 mm unter den Rand mit der Mischung füllen, verschließen und beschriften.

**Ergibt etwa 1,4 kg**

**Variation**

Die Cashewkerne weglassen, statt dessen in Schritt 1 1 EL frisch geriebene Ingwerwurzel zu den Birnen geben und nach dem Abkühlen 1 EL Rum einrühren.

## Köstlicher Pflaumentopf

**Zutaten**

*1,4 kg gelbe Pflaumen*

*100 g in Sirup eingelegter Ingwer, abgetropft*

*100 g Walnüsse*

*300 ml Wasser*

*fein abgeriebene Schale und Saft von je 2 großen unbehandelten Orangen und Zitronen*

*1,8 kg Zucker, erwärmt (siehe Kasten auf Seite 36)*

*450 g Rosinen*

*2 EL Weinbrand*

**1** Die Pflaumen halbieren und entsteinen. Den abgetropften Ingwer und die Walnüsse grob hacken und separat beiseite stellen.

**2** Die Pflaumen mit dem Wasser sowie den Schalen und dem Saft der Orangen und Zitronen in einem Einkochtopf zum Kochen bringen und 30 Minuten leise köcheln lassen.

**3** Den erwärmten Zucker dazugeben und bei niedriger Temperatur rühren, bis er sich ganz aufgelöst hat. Ingwer und Rosinen hinzufügen und alles erneut aufwallen lassen.

**4** Die Mischung sprudelnd kochen, bis sie eindickt. Den Topf vom Herd nehmen und die Gelierprobe machen (siehe Seite 28). Die Walnüsse und den Weinbrand einrühren und das Ganze etwas abkühlen lassen.

**5** In vorgewärmte, sterilisierte Gläser bis 3 mm unter den Rand einfüllen, verschließen und beschriften.

**Ergibt etwa 3 1/2 kg**

# Marmeladen

Mitte des 19. Jahrhunderts bis etwa zur Jahrhundertwende verstand man in England unter »Marmelade« ein Fruchtpüree, das aus eleganten Schälchen gelöffelt wurde. Noch heute wird es in manchen Ländern auf diese Weise serviert, so zum Beispiel in Lateinamerika und in Frankreich. Inzwischen bezeichnet das Wort »Marmelade« jene wunderbaren goldgelben Zubereitungen aus Zitrusfrüchten, die uns das Frühstück versüßen. Marmeladen sehen in Gläsern wunderschön aus, und fast jede Zitrusfrucht ist dafür geeignet. Da läßt sich klar schimmerndes Zitronengelee mit ganzen, dünnen Fruchtscheiben herstellen oder auch eine dunkle, dicke Orangenmarmelade mit großen Fruchtstücken. Dazwischen gibt es zahlreiche weitere Varianten. Doch schmecken Marmeladen nicht nur auf Toast. Sie aromatisieren Puddings und Kuchen und ergeben, erhitzt und mit etwas Likör verrührt, die herrlichsten Dessertsaucen. Außerdem sind sie eine reizvolle Ergänzung zu manchem Fleischgericht. Größere Vorräte sind also zu empfehlen – zumal sie sich gut halten.

## Marmeladen herstellen

♦ Die Früchte auswählen. Pomeranzen, auch als Sevilla- oder Bitterorangen bekannt, ergeben eine besonders gute, klare Marmelade, sind allerdings nur von Dezember bis Februar erhältlich. Sie lassen sich einfrieren, sollten jedoch möglichst innerhalb einiger Monate verbraucht werden, da sich sonst ihr Pektingehalt vermindern kann. Auch süße Orangen eignen sich, ergeben aber eine trübere Marmelade und werden am besten mit anderen Früchten wie Limetten, Zitronen oder Grapefruits kombiniert. Zum Süßen empfiehlt sich normaler Zucker. Manchmal ergibt sich die erforderliche Menge erst nach dem Kochen der Früchte. Sorgen Sie daher für einen ausreichenden Vorrat.

♦ Die Früchte vorbereiten. Behandelte Zitrusfrüchte weisen einen Wachsüberzug auf, der durch Überbrühen mit kochendem Wasser, Abreiben und anschließendes Abtrocknen der Früchte entfernt wird. Die Vorbereitung der Früchte richtet sich danach, ob eine geleeartige oder eine konsistente Marmelade mit dicken Stücken hergestellt werden soll. Die Schalen entweder von Hand in Streifen schneiden oder in der Küchenmaschine zerkleinern, was jedoch nicht so gleichmäßige Stücke ergibt. Das meiste Pektin, eine unerläßliche Voraussetzung zum Gelieren, ist bei Zitrusfrüchten in den Schalen und Kernen enthalten. Sie werden daher in ein Mullsäckchen gegeben und mit den übrigen Zutaten mitgekocht.

♦ Die Schalenstreifen, den Saft, Wasser, Zitronensaft, falls verwendet, und das Mullsäckchen in einen Einkochtopf geben und 1 Stunde oder auch länger köcheln lassen, bis die Flüssigkeit etwa um ein Drittel eingekocht ist. Ddurch werden die Schalen richtig weich, zugleich wird das gesamte Pektin freigesetzt. Das Mullsäckchen kräftig ausdrücken und entfernen.

♦ Den erwärmten Zucker (siehe Kasten auf Seite 36) zufügen und rühren, bis er sich ganz aufgelöst hat. Die Marmelade sprudelnd kochen, bis der Gelierpunkt erreicht ist. Die Gelierprobe machen und die Marmelade abschäumen (siehe Kasten auf Seite 38). Die Marmelade einige Minuten abkühlen lassen, wobei sich die Schalen gleichmäßig verteilen. Sobald sich eine Haut bildet, einmal umrühren und in vorgewärmte sterilisierte Gläser füllen (siehe Seite 11).

### VERSCHLIESSEN UND LAGERN

Zum Verschließen die Anweisungen für Konfitüre befolgen (siehe Seite 15), jedoch die Deckel erst nach dem Erkalten der Marmelade aufschrauben. Die Gläser beschriften. Die Marmelade kann sofort verzehrt werden und ist an einem kühlen, dunklen Ort auch bis zu 1 Jahr haltbar.

### PANNEN UND IHRE URSACHEN

Zähe Schalen wurden entweder zu grob zerkleinert oder vor der Zuckerzugabe nicht lange genug gekocht. Steigen die Schalen nach oben, waren die Gläser beim Einfüllen zu heiß.

# POMERANZENMARMELADE

## ZUTATEN

*1 kg Pomeranzen (Bitterorangen)*

*1 große Zitrone*

*2 1/4 l Wasser*

*1,8 kg Zucker, erwärmt (siehe Kasten auf Seite 36)*

**1** Alle Früchte halbieren und auspressen, die Kerne und Rückstände sammeln und beiseite stellen. Den Saft über einem Einkochtopf durchseihen. Die Pomeranzenhälften erneut halbieren, längs in feine Streifen schneiden und diese ebenfalls in den Topf geben.

**2** Die Zitronenhälften grob hacken, zusammen mit den beiseitegestellen Kernen und der weißen Schale auf ein Mulltuch geben und dieses mit einer langen Schnur zu einem Beutel verschnüren. Den Beutel so an einen der Topfgriffe binden, daß er auf den Schalen liegt.

**3** Das Wasser dazugießen, aufkochen und unter gelegentlichem Rühren mindestens 2 Stunden leise köcheln lassen, bis die Schalen ganz weich sind. Die Mischung sollte dabei um ein Drittel einkochen.

**4** Den Beutel kräftig ausdrücken und entfernen. Den erwärmten Zukker bei niedriger Temperatur einrühren, bis er sich völlig aufgelöst hat.

**5** Die Temperatur hochschalten und die Marmelade, ohne zu rühren, 15–20 Minuten sprudelnd kochen lassen, bis der Gelierpunkt erreicht ist. Die Gelierprobe machen (siehe Kasten auf Seite 38) und die Marmelade gründlich abschäumen.

**6** Bis 3 mm unter den Rand in sterilisierte, vorgewärmte Gläser füllen, verschließen und beschriften.

**Ergibt etwa 3 1/2 kg**

**Pomeranzen** Mit ihrem bitteren Geschmack sind Pomeranzen zur Herstellung von Marmeladen ganz besonders geeignet. Bedauerlicherweise sind sie nur kurze Zeit erhältlich. Doch läßt sich dieses Rezept wie auch alle übrigen, die Pomeranzen verlangen, ganzjährig ebenso mit süßen Orangen nachkochen. Dabei gilt folgende Faustregel: Pro 450 g Pomeranzen dieselbe Menge süße Orangen abwiegen und eine davon durch dasselbe Gewicht an Zitrone ersetzen, die genauso behandelt wird wie die Orangen.

# VARIATIONEN VON POMERANZENMARMELADE

*Durch Zugabe anderer aromatischer Zutaten läßt sich das obige Basisrezept vielfältig abwandeln.*

### POMERANZENMARMELADE MIT SCHUSS

Einige Eßlöffel Rum, Weinbrand oder Whisky verleihen der Marmelade einen ganz besonderen Reiz. Einfach das Basisrezept befolgen und nach dem Abschäumen pro 450 g Marmelade 2 EL Alkohol einrühren. Nach einigen Minuten, wenn sich die Schalenstreifen gleichmäßig verteilt haben, einmal umrühren und weiterverfahren, wie oben beschrieben.

### DUNKLE POMERANZENMARMELADE

Das obige Basisrezept befolgen, jedoch die Schalen nicht feinstreifig schneiden, sondern grob hacken. Zusammen mit dem Zucker 2 EL Melasse einrühren.

### POMERANZENMARMELADE MIT MANDELN

Nach dem Basisrezept vorgehen und nach dem Abschäumen 100 g gehobelte Mandeln einrühren. Die Marmelade einige Minuten ruhen lassen, bis die Schalen und Mandeln sich gleichmäßig verteilt haben, einmal umrühren und wie beschrieben abfüllen.

### POMERANZENMARMELADE MIT BRAUNEM ZUCKER

Eine dunkle Farbe und einen intensiven Geschmack erhält die Marmelade, wenn anstelle des weißen Zuckers 1,4 kg brauner Zucker verwendet wird. Wer mag, gibt noch etwas Zimt dazu.

**Schon gewußt?**

Marmeladen können auf eine lange Geschichte verweisen. Ihre Ursprünge reichen bis ins Mittelalter zurück, als Quitten, mit Honig, Wein und Gewürzen gekocht, sehr beliebt waren. Schon damals entstand die Bezeichnung »Marmelade«, abgeleitet vom portugiesischen Wort für Quitten, »marmelada«. Im 17. Jahrhundert kamen die ersten Rezepte für Orangenmarmelade auf.

# DREIFRUCHTMARMELADE

*Diese wunderbar aromatische Marmelade kann jederzeit zubereitet werden, da die verwendeten Früchte ganzjährig auf dem Markt sind. Sie eignet sich auch zum Überglänzen von gebratener Ente, gegrillten Speckstreifen und Hühnerbrüstchen.*

ZUTATEN

*2 Grapefruits*

*2 große Orangen*

*4 Zitronen*

*3 1/2 l Wasser*

*2 3/4 kg Zucker, erwärmt (siehe Kasten auf Seite 36)*

***Ergibt etwa 4 3/4 kg***

1 ◀ Alle Früchte halbieren und auspressen. Den Saft über einem Einkochtopf durchseihen. Die Häute und die Kerne aus den Schalen herausschaben, in ein Mulltuch einschlagen und dieses mit einer langen Schnur zu einem Säckchen verschnüren.

2 ▶ Die Orangen- und Zitronenhälften nochmals halbieren und längs in feine Streifen schneiden. Die Grapefruithälften jeweils in 4 Stücke und in Streifen schneiden. Die Schalenstreifen in den Topf geben.

3 ◀ Das Mullsäckchen so an einen der Topfgriffe binden, daß es auf den Schalen liegt. Das Wasser zugießen und zum Kochen bringen, die Hitze drosseln und die Mischung unter gelegentlichem Rühren 30–40 Minuten leise köcheln lassen, bis sie etwa um ein Drittel eingekocht ist und die Schalen ganz weich sind.

4◀ Das Mullsäckchen über dem Topf gründlich ausdrücken und wegwerfen. Den erwärmten Zucker zufügen und bei niedriger Temperatur mit einem Holzlöffel rühren, bis er sich gänzlich aufgelöst hat.

5▲ Die Temperatur erhöhen und die Mischung 20–25 Minuten sprudelnd kochen lassen, ohne zu rühren. Den Topf vom Herd nehmen und das Zuckerthermometer hineinhalten – es sollte 104 °C anzeigen – oder die Gelierprobe machen (siehe Kasten unten).

**Gelierprobe**

Einen kleinen Löffel Marmelade auf einen kalten Teller geben und sogleich in den Kühlschrank stellen. Ist die Marmelade ausreichend gekocht, bildet sie auf der Oberfläche eine dünne Haut, die beim Zusammenschieben mit dem Finger leichte Falten zieht. Damit ist der Gelierpunkt erreicht.

6▲ Die Marmelade gründlich abschäumen und einige Minuten abkühlen lassen, bis sich eine sehr dünne Haut bildet – ein Zeichen, daß sich die Schalen gleichmäßig verteilt haben.

7 Bis 3 mm unter den Rand in sterilisierte, vorgewärmte Gläser füllen, abkühlen lassen, verschließen und beschriften.

**Frühstücksgenuß**
*Selbstgemachte Marmelade gibt gute Laune für den Tag.*

# Pomeranzenmarmelade mit feinen Streifen

### Zutaten

*1 kg Pomeranzen*

*1 Zitrone*

*2 1/2 l Wasser*

*Zucker*

**1** Die Zitrusschalen dünn abschälen, in feine Streifen schneiden und in einem Edelstahltopf mit 300 ml Wasser bedecken. Aufkochen und unter gelegentlichem Rühren 1 Stunde simmern lassen, bis die Schalen richtig weich sind, danach abgießen und das Wasser auffangen.

**2** Die Zitrusfrüchte hacken, mit allen Kernen und dem restlichen Wasser in einen Einkochtopf geben, einmal aufkochen und anschließend etwa 1 Stunde leise köcheln lassen, dabei ab und zu umrühren, bis die Mischung um etwa ein Drittel reduziert ist. Das Schalenkochwasser hinzufügen.

**3** Den Fruchtbrei durch einen sterilisierten Saftbeutel abtropfen lassen (siehe Kasten auf Seite 41), aber nicht ausdrücken, um die Marmelade nicht zu trüben. Den Saft abmessen, pro 600 ml Flüssigkeit 450 g Zucker abwiegen und erwärmen (siehe Kasten links). Den Saft in den Einkochtopf geben, den Zucker hinzufügen und bei niedriger Temperatur rühren, bis er sich völlig aufgelöst hat.

**4** Die Schalenstreifen dazugeben, das Ganze einmal aufwallen lassen und, ohne zu rühren, 10–12 Minuten sprudelnd kochen lassen. Die Gelierprobe machen und die Marmelade gründlich abschäumen (siehe Kasten auf Seite 38), kurz abkühlen lassen. In vorgewärmte sterilisierte Gläser bis 3 mm unter den Rand einfüllen, verschließen und beschriften.

**Ergibt etwa 2 3/4 kg**

**Zucker erwärmen** Bei manchen Rezepten richtet sich die benötigte Zuckermenge nach der beim Kochen der Früchte gewonnenen Saftmenge, kann also bei den Zutaten nicht genau angegeben werden. Halten Sie daher sicherheitshalber ausreichende Zuckermengen parat. Erwärmter Zucker löst sich schneller im Saft auf. Dafür den Backofen auf niedrigster Stufe vorheizen, die abgewogene Zuckermenge in eine hitzebeständige Schüssel geben und etwa 15 Minuten zum Erwärmen in den Ofen stellen.

# Tangerinenmarmelade

### Zutaten

*1 kg Tangerinen (Mandarinenart mit orangeroter Schale und saftigem Fruchtfleisch)*

*1 Grapefruit*

*2 Zitronen*

*3 l Wasser*

*1,6 kg Zucker, erwärmt (siehe Kasten oben)*

**1** Die Tangerinen schälen, die Schalen feinstreifig schneiden, auf ein Mulltuch geben, zu einem Säckchen verschnüren. Das Fruchtfleisch hacken – die Kerne beiseite legen – und in einen Einkochtopf geben.

**2** Von der Grapefruit und den Zitronen die Schalen dünn abschälen, in feine Streifen schneiden und in den Topf geben. Dabei die dicke weiße Haut sorgfältig ablösen und beiseite legen. Das gesamte Fruchtfleisch hacken – die Kerne beiseite legen – und ebenfalls in den Topf geben. Alle Kerne und die weiße Haut in ein Mulltuch einschlagen, dieses zu einem Säckchen binden und beide Säckchen so an einen Topfgriff binden, daß sie auf dem Fruchtfleisch liegen.

**3** Das Wasser zugießen, aufkochen und unter gelegentlichem Rühren 45 Minuten leise köcheln lassen, bis die Schalen ganz weich sind und die Mischung etwa um ein Drittel eingekocht ist. Das Säckchen mit den Kernen über dem Topf kräftig ausdrücken und wegwerfen, die Tangerinenschalen aus dem zweiten Säckchen in den Topf leeren. Den erwärmten Zucker bei niedriger Temperatur einrühren, bis er sich ganz aufgelöst hat.

**4** Die Marmelade bei erhöhter Temperatur, ohne zu rühren, 15–20 Minuten sprudelnd kochen lassen, bis der Gelierpunkt erreicht ist. Die Gelierprobe machen und gründlich abschäumen (siehe Kasten auf Seite 38). Vorgewärmte sterilisierte Gläser bis 3 mm unter den Rand mit der Marmelade füllen, verschließen und beschriften.

**Ergibt etwa 2 3/4 kg**

## ROSA GRAPEFRUITMARMELADE

ZUTATEN

*2 Zitronen*

*2 rosa Grapefruits*

*2 1/4 l Wasser*

*1,8 kg Zucker, erwärmt (siehe Kasten auf Seite 36)*

1 Die Zitronen dünn abschälen, die Schalen feinstreifig schneiden und in einen Einkochtopf geben. Zitronen und Grapefruits halbieren und auspressen, die Kerne entfernen und aufbewahren, den Saft in den Topf geben.

2 Die Zitronenhälften grob hacken, mit den Kernen in ein Mulltuch einschlagen und dieses mit einer langen Schnur zu einem Beutel verschnüren. Die Grapefruithälften jeweils vierteln, längs in schmale Streifen schneiden und ebenfalls in den Topf geben. Den Mullbeutel so an einen Topfgriff anbinden, daß er auf den Früchten liegt.

3 Das Wasser zugießen, aufwallen lassen und bei verminderter Temperatur unter gelegentlichem Rühren etwa 45 Minuten leise köcheln lassen, bis die Schalen weich sind. Die Mischung sollte dabei etwa um ein Drittel einkochen.

4 Den Beutel über dem Topf kräftig ausdrücken und wegwerfen. Den erwärmten Zucker bei niedriger Temperatur einrühren, bis er sich ganz aufgelöst hat. Die Marmelade, ohne zu rühren, bei erhöhter Temperatur 10–12 Minuten sprudelnd kochen lassen, bis der Gelierpunkt erreicht ist. Die Gelierprobe machen und sorgfältig abschäumen (siehe Kasten auf Seite 38) kurz abkühlen lassen. Die Marmelade bis 3 mm unter den Rand in sterilisierte, vorgewärmte Gläser füllen, verschließen und beschriften.

**Ergibt etwa 2 1/4 kg**

## ZITRONEN-LIMETTEN-MARMELADE

ZUTATEN

*4 mittelgroße Zitronen*

*4 Limetten*

*2 1/4 l Wasser*

*1,8 kg Zucker, erwärmt (siehe Kasten auf Seite 36)*

1 Die Zitronenschale fein abschälen und in schmale Streifen schneiden. Die weiße Haut von den Zitronen ablösen, grob hacken und beiseite legen. Das Fruchtfleisch grob hacken, dabei austretenden Saft auffangen und die Kerne aufbewahren.

2 Die Limetten halbieren, auspressen, die Kerne und die weiße Haut herauslösen und beiseite legen. Die Limettenhälften nochmals halbieren und längs in feine Streifen schneiden.

3 Die weiße Haut und die Kerne aller Früchte in ein Mulltuch einschlagen und mit einer langen Schnur zu einem Säckchen binden.

4 Das gesamte Fruchtfleisch, den Saft, die Limetten- und Zitronenschalen in einen Einkochtopf geben. Das Mullsäckchen so an einen Topfgriff binden, daß es auf dem Topfinhalt liegt. Das Wasser zugießen, alles aufkochen und unter gelegentlichem Rühren 1 1/2 Stunden leise köcheln lassen, bis die Schalen richtig weich sind. Die Mischung soll dabei um etwa ein Drittel einkochen.

5 Das Säckchen über dem Topf gründlich ausdrücken und entfernen. Den erwärmten Zucker zufügen und bei niedriger Temperatur rühren, bis er sich ganz aufgelöst hat. Die Marmelade bei erhöhter Temperatur 8–10 Minuten sprudelnd kochen lassen, ohne zu rühren. Die Gelierprobe machen und gründlich abschäumen (siehe Kasten auf Seite 38). Die Marmelade bis 3 mm unter den Rand in vorgewärmte sterilisierte Gläser füllen, verschließen und beschriften.

**Ergibt etwa 2 3/4 kg**

**Vorn:** *Rosa Grapefruitmarmelade;* **hinten:** *Zitronen-Limetten-Marmelade*

# SÜSSE ORANGENMARMELADE

### ZUTATEN

*1 kg süße Orangen*

*2 Pomeranzen (Bitterorangen)*

*1 Zitrone*

*2 1/4 l Wasser*

*1,8 kg Zucker, erwärmt (siehe Kasten auf Seite 36)*

*Die Kombination von Süß- und Bitterorangen ergibt eine exquisite Marmelade mit erfrischender Note.*

**1** Alle Früchte halbieren und auspressen, in der Presse Verbliebenes mit den Kernen in ein Mulltuch einschlagen und dieses mit einer langen Schnur zu einem Säckchen verschnüren. Den Saft in einen Einkochtopf geben.

**2** Die Orangenschalenhälften abermals halbieren und längs in feine Streifen schneiden. Die Zitronenschalen wegwerfen.

**3** Die Schalenstreifen in den Topf geben und das Säckchen so an einen der Griffe anbinden, daß es auf dem Topfinhalt liegt. Das Wasser zugießen, das Ganze aufkochen und unter gelegentlichem Rühren 1 1/2–2 Stunden leise köcheln lassen, bis die Schalen richtig weich sind und der Topfinhalt um etwa ein Drittel reduziert ist.

**4** Das Mullsäckchen über dem Topf gründlich ausdrücken und wegwerfen.

**5** Den erwärmten Zucker hineingeben und bei niedriger Temperatur rühren, bis er sich gänzlich aufgelöst hat.

**6** Die Temperatur erhöhen und das Ganze, ohne zu rühren, 15–20 Minuten sprudelnd kochen lassen, bis der Gelierpunkt erreicht ist. Die Gelierprobe machen und gründlich abschäumen (siehe Kasten links). Die Marmelade bis 3 mm unter den Rand in warme sterilisierte Gläser einfüllen, verschließen und beschriften.

**Ergibt etwa 3 1/4 kg**

**Gelierprobe und Abschäumen** Den Topf vom Herd nehmen. Zur Überprüfung der Konsistenz sollte das Zuckerthermometer 104 °C anzeigen. Oder: Etwas Marmelade auf einen kalten Teller geben und sogleich in den Kühlschrank stellen. Bildet sich eine Haut, die sich bei Berührung mit dem Finger leicht kräuselt, ist die richtige Konsistenz erreicht. Die Marmelade vorsichtig abschäumen und einige Minuten leicht abkühlen lassen, bis sich eine feine Haut bildet. Dies ist ein Zeichen dafür, daß die Schalen gleichmäßig in der Marmelade verteilt sind.

# SCHNELLE ORANGENMARMELADE

### ZUTATEN

*6 Pomeranzen (Bitterorangen)*

*2 große süße Orangen*

*2 große Zitronen*

*3 1/2 l Wasser*

*2 3/4 kg Zucker, erwärmt (siehe Kasten auf Seite 36)*

**1** Alle Orangen und die Zitronen halbieren und auspressen. Rückstände in der Presse mit den Kernen in ein Mulltuch einschlagen und dieses mit einer langen Schnur zu einem Säckchen verschnüren. Den Saft in einen Einkochtopf geben.

**2** Die Orangen- und Zitronenhälften in kleinere Stücke schneiden und portionsweise, nötigenfalls unter Zugabe von etwas Wasser, in der Küchenmaschine gründlich zerkleinern.

**3** Ebenfalls in den Topf geben. Das Säckchen so an einen der Topfgriffe anbinden, daß es auf dem Fruchtmus liegt, und das Wasser zugießen. Das Ganze aufwallen und 1 1/2–2 Stunden unter gelegentlichem Rühren leise köcheln lassen, bis die Schalen ganz weich sind und der Topfinhalt etwa um ein Drittel reduziert ist.

**4** Das Säckchen über dem Topf kräftig ausdrücken und wegwerfen. Den erwärmten Zucker zugeben und bei niedriger Temperatur rühren, bis er sich ganz aufgelöst hat. Die Marmelade bei erhöhter Temperatur, ohne zu rühren, 15 Minuten sprudelnd kochen lassen. Die Gelierprobe machen und die Marmelade sorgfältig abschäumen (siehe Kasten oben). Bis 3 mm unter den Rand in sterilisierte, vorgewärmte Gläser füllen, verschließen und beschriften.

**Ergibt etwa 3,8 kg**

**Nützlicher Tip**

Zitrusschalen lassen sich in der Küchenmaschine viel schneller zerkleinern als von Hand, werden dabei aber gröber geschnitzelt. Im Mixer dagegen ergibt sich eine püreeähnliche Paste.

Während die Zitronenmarmelade kocht, wird die Zitronenschale langsam weich.

## ZITRONENMARMELADE

### ZUTATEN

*9 große Zitronen*

*3 1/2 l Wasser*

*Zucker*

**1** Die Zitronenschale fein abschälen und in schmale Streifen schneiden. Das Fruchtfleisch grob hacken, dabei den Saft auffangen. Die Kerne in ein Mulltuch einschlagen und mit einer langen Schnur zu einem Säckchen verschnüren.

**2** Das Fruchtfleisch, den Saft und die Schalenstreifen in einen Einkochtopf geben und das Säckchen so an einen der Topfgriffe binden, daß es auf den Früchten liegt. Das Wasser zugießen, aufkochen und bei verminderter Temperatur unter gelegentlichem Rühren 1–1 1/2 Stunden leise köcheln lassen, bis die Schalen ganz weich sind. Die Mischung sollte um etwa ein Drittel einkochen.

**3** Das Mullsäckchen über dem Topf kräftig ausdrücken und wegwerfen. Die Saftmenge abmessen, pro 600 ml Flüssigkeit 450 g Zucker abwiegen und erwärmen (siehe Kasten auf Seite 36). Den Saft zurück in den Topf geben, den Zucker zufügen und bei niedriger Temperatur rühren, bis er sich völlig aufgelöst hat. Die Mischung, ohne zu rühren, 15 Minuten sprudelnd kochen lassen, bis der Gelierpunkt erreicht ist. Den Geliertest machen und gründlich abschäumen (siehe Kasten auf Seite 38). Die Marmelade bis 3 mm unter den Rand in sterilisierte, vorgewärmte Gläser füllen, verschließen und beschriften.

**Ergibt etwa 2 3/4 kg**

## GRAPEFRUIT-INGWER-MARMELADE

### ZUTATEN

*3 große Grapefruits*

*3 Zitronen*

*3 1/2 l Wasser*

*2 1/2 cm frischer Ingwer*

*2 1/4 kg Zucker, erwärmt (siehe Kasten auf Seite 36)*

*175 g kandierter Ingwer, gehackt*

**1** Die Früchte schälen. Die Grapefruitschalen feinstreifig schneiden, das Fruchtfleisch hacken und beides in einen Einkochtopf geben. Die Zitronenschalen hacken und mit den Kernen in ein Mulltuch einschlagen, mit einer langen Schnur fest zu einem Säckchen verschnüren und so an einen der Topfgriffe anbinden, daß es auf dem Topfinhalt liegt. Das Wasser zugießen. Den Ingwer schälen und dazugeben.

**2** Aufkochen und unter gelegentlichem Rühren 1 1/2 Stunden leise köcheln lassen, bis die Schalen richtig weich sind und die Mischung um etwa ein Drittel eingekocht ist.

**3** Den Ingwer entfernen und wegwerfen. Das Säckchen über dem Topf gründlich ausdrücken und entfernen. Den erwärmten Zucker zufügen und bei niedriger Temperatur rühren, bis er ganz aufgelöst ist.

**4** Die Marmelade bei erhöhter Temperatur, ohne zu rühren, 15 Minuten sprudelnd kochen lassen. Die Gelierprobe machen und die Marmelade gründlich abschäumen (siehe Kasten auf Seite 38). Zuletzt den kandierten Ingwer einrühren. Bis 3 mm unter den Rand in vorgewärmte sterilisierte Gläser füllen, verschließen und beschriften.

**Ergibt etwa 3 1/2 kg**

# GELEES

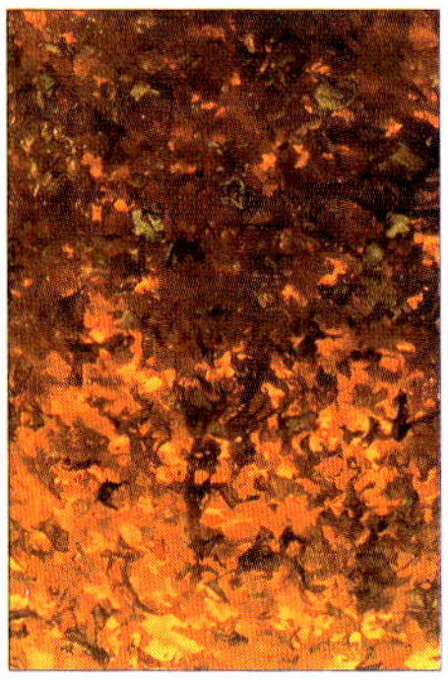

Mit ihrer zarten Konsistenz, dem delikaten Aroma und ihren leuchtenden Farben sprechen Gelees Gaumen und Augen zugleich an. Ob auf Toast, einem Butterbrot oder einem Brötchen, stets schmecken sie einfach köstlich. Auch bieten sie einen süßen Kontrapunkt zu deftigen Zubereitungen aus Geflügel, Schweinefleisch und Wild. Gelees stellen für phantasievolle Kochbegeisterte eine große Herausforderung dar. Johannisbeeren, Kirschen und Preiselbeeren (oder die größeren Cranberries) sind nur einige der geeigneten Obstsorten. Mit ihrem hohen Anteil an Pektin, das als Dickungsmittel wirkt, sind Äpfel eine ideale Ergänzung zu anderen Früchten. Um die Vielseitigkeit der möglichen Kompositionen zu unterstreichen, seien hier nur das Apfel-Orangen- und das Apfel-Chili-Gelee erwähnt. Durch Zugabe einiger Rosen- oder Pelargonienblütenblätter wird aus einem gewöhnlichen Gelee eine außergewöhnliche Kreation. Reizvolle Nuancen ergeben sich auch mit Kräutern und Gewürzen.

## GELEES HERSTELLEN

♦ Verwenden Sie reife, nicht überreife Früchte mit hohem Pektingehalt. Äpfel einschließlich Holzäpfeln, Beeren und auch Zitrusfrüchte ergeben alle ausgezeichnete Gelees. Zum Süßen wird normaler Zucker verwendet. Da die benötigten Mengen sich erst nach dem Kochen der Früchte ermitteln lassen, sollte er in ausreichenden Mengen im Hause sein.

♦ Weiche Früchte auf schadhafte und angefaulte Stellen durchsehen und diese entfernen. Die Früchte waschen und trockentupfen. Schalen, Kerne und Kerngehäuse zusammen mit dem Fruchtfleisch in den Einkochtopf geben. Das Wasser hinzufügen und die Früchte leise sprudelnd kochen, bis sie musig zerfallen.

♦ Das Püree in einem ausgekochten Saftbeutel vollständig abtropfen lassen (siehe Kasten auf Seite 41). Dies kann je nach Fruchtart einige Stunden oder auch über Nacht dauern, sollte aber die Dauer von 24 Stunden nicht überschreiten, da ansonsten die Früchte zu oxidieren beginnen.

♦ Den Saft abmessen und mit dem Zucker in einen sauberen Einkochtopf geben. Die Zuckermenge hängt vom Pektingehalt des Saftes ab, im allgemeinen aber rechnet man 450 g pro 600 ml Flüssigkeit. Den Zucker erwärmen (siehe Kasten auf Seite 44), bevor er zum Saft gegeben wird, und bei niedriger Temperatur verrühren, bis er sich völlig aufgelöst hat. Die Mischung 10 Minuten oder bis zum Erreichen des Gelierpunkts sprudelnd kochen lassen. Nun die Hitze leicht drosseln, um weniger Luftblasen zu haben. Den Topf vom Herd nehmen, die Gelierprobe machen und das Gelee abschäumen (siehe Kasten auf Seite 46).

♦ Das Gelee in vorgewärmte sterilisierte Gläser füllen (siehe Seite 11). Die Gläser dabei schräg halten und das Gelee über den Rand einlaufen lassen, um Luftblasen zu vermeiden. Zügig arbeiten, da andernfalls das Gelee bereits im Topf zu erstarren beginnt, wodurch die Beschaffenheit des fertigen Gelees beeinträchtigt wird.

**VERSCHLIESSEN UND LAGERN**

Gelees werden genauso gelagert wie Konfitüren (siehe Seite 15). Die Gläser nicht bewegen, solange das Gelee noch warm und nicht völlig erstarrt ist.

**PANNEN UND IHRE URSACHEN**

Ein Gelee, das nach dem Erkalten nach wie vor flüssig ist, kann erneut gekocht werden. Wenn die Früchte nicht richtig gesäubert wurden, der Saftbeutel zu grobmaschig war oder während des Durchseihens die Rückstände ausgedrückt wurden, trübt sich das Gelee. Luftblasen bilden sich, wenn das Gelee beim Einfüllen bereits zu kalt war oder zu langsam eingefüllt wurde. Im übrigen können die gleichen Pannen wie bei Konfitüren auftreten (Seite 15).

## Gelee von roten Früchten mit Portwein

### Zutaten

*1 kg rote Johannisbeeren*

*1 kg Himbeeren*

*450 ml Wasser*

*Zucker*

*60 ml Portwein*

**Sachgemäßer Gebrauch des Saftbeutels** Der Fruchtbrei muß ungehindert abtropfen können. Eine Methode, um dies zu gewährleisten: einen Besenstiel durch die Henkel des Saftbeutels ziehen und mit den Enden auf zwei Stühlen abstützen. Eine nicht-metallische Schüssel darunterstellen, den Fruchtbrei einfüllen und abtropfen lassen. Den Vorgang auf keinen Fall durch Ausdrücken des Beutelinhalts beschleunigen, da sich das Gelee sonst trübt. Wenn sich nur noch vereinzelte Tropfen am Beutel sammeln, ist der Vorgang abgeschlossen.

1 Die Johannisbeeren mit den Himbeeren und dem Wasser in einem Einkochtopf aufkochen und 15–20 Minuten leise köcheln lassen, bis die Früchte zu Mus zerfallen.

2 Inzwischen den Saftbeutel vorbereiten: Kochendes Wasser gleichmäßig hindurchgießen und gründlich ausdrücken (für den Gebrauch siehe Kasten links). Das Fruchtmus in den Saftbeutel geben und einige Stunden oder über Nacht, jedoch höchstens 24 Stunden, abtropfen lassen.

3 Den erhaltenen Saft abmessen und pro 600 ml 450 g Zucker abwiegen. Den Saft in einen sauberen Einkochtopf füllen. Den Zucker erwärmen (siehe Kasten auf Seite 44), zum Saft geben und bei niedriger Temperatur rühren, bis er sich völlig aufgelöst hat.

4 Die Mischung bei erhöhter Temperatur, ohne zu rühren, 9–10 Minuten sprudelnd kochen lassen. Die Gelierprobe durchführen und das Gelee abschäumen (siehe Kasten auf Seite 46). Den Portwein einrühren.

5 Das Gelee unverzüglich in vorgewärmte sterilisierte Gläser füllen, die leicht schräg gehalten werden, um Luftblasen zu vermeiden. Die Gläser verschließen und beschriften.

**Ergibt etwa 1,4 kg**

## Apfelgelee mit frischer Minze

### Zutaten

*1,4 kg Kochäpfel*

*600 ml Wasser*

*300 ml Apfelessig*

*225 g frische Minze*

*Zucker*

*2–3 Tropfen grüne Lebensmittelfarbe (nach Belieben)*

1 Die Äpfel ungeschält und mitsamt dem Kerngehäuse hacken, mit dem Wasser und dem Essig in einen Einkochtopf geben. Die Minzeblätter von den Stengeln streifen und beiseite legen, die Stengel in den Topf geben. Aufkochen und etwa 40 Minuten leise sprudelnd köcheln, bis die Äpfel weich sind und beinahe zerfallen.

2 Währenddessen den Saftbeutel vorbereiten: Gleichmäßig mit kochendem Wasser überbrühen, kräftig ausdrücken und aufhängen (siehe Kasten oben). Den Fruchtbrei hineingeben und einige Stunden oder über Nacht, höchstens aber 24 Stunden, abtropfen lassen.

3 Den gewonnenen Saft abmessen, pro 600 ml Flüssigkeit 450 g Zucker abwiegen und erwärmen (siehe Kasten auf Seite 44). Den Saft in einen sauberen Einkochtopf geben, den Zucker zufügen und bei niedriger Temperatur rühren, bis er sich gänzlich aufgelöst hat. Die Hälfte der Minzeblätter in ein Mullsäckchen füllen und zum Gelee geben. Die Temperatur erhöhen und das Gelee, ohne zu rühren, 15 Minuten sprudelnd kochen lassen, bis der Gelierpunkt erreicht ist. Die Gelierprobe machen und abschäumen (siehe Kasten auf Seite 46).

4 Das Mullsäckchen über dem Topf kräftig ausdrücken und wegwerfen. Die restlichen Minzeblätter hacken und mit der Lebensmittelfarbe, falls verwendet, ins Gelee einrühren.

5 Das Gelee unverzüglich in vorgewärmte sterilisierte Gläser gießen, die dabei, um Lufteinschlüsse zu vermeiden, etwas schräg gehalten werden. Verschließen und beschriften.

**Ergibt etwa 675 g**

**Variationen**

Nach diesem Rezept läßt sich Apfelgelee auch mit anderen Kräutern herstellen, zum Beispiel mit Petersilie, Thymian, Rosmarin oder Salbei.

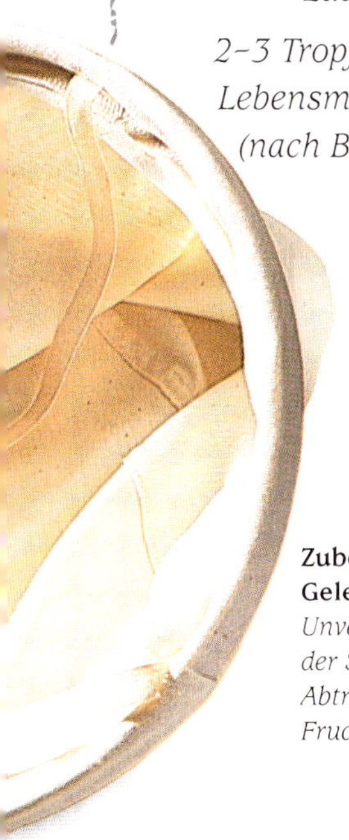

**Zubehör zur Geleeherstellung** *Unverzichtbar ist der Saftbeutel zum Abtropfen des Fruchtbreis.*

# CRANBERRY-APFEL-GELEE

*Rubinrote Cranberries erfreuen sich als Zutat festlicher Zubereitungen zunehmender Beliebtheit. Sie werden in Folienbeuteln im Herbst bei uns angeboten. Bei diesem Rezept verbinden sie sich mit Äpfeln zu einem herb-säuerlichen granatroten Gelee, das Schweinebraten, Aufschnitt und Geflügel, besonders gebratenen Truthahn, gelungen abrundet.*

ZUTATEN

*1,4 kg Kochäpfel*

*1 kg frische Cranberries*

*1,2 l Wasser*

*etwa 1 kg Zucker*

***Ergibt etwa 1,6 kg***

1 ◄ Die Äpfel von Druckstellen und anderen schadhaften Stellen befreien und, ohne sie zu schälen oder das Kerngehäuse herauszuschneiden, grob hacken.

2 ▼ Die Äpfel mit den Cranberries in einen Einkochtopf geben.

3 ▲ Die Früchte mit dem Wasser gerade bedecken – falls nötig, die angegebene Menge erhöhen –, aufkochen und 30 Minuten köcheln lassen, bis sie beinahe zu Mus zerfallen.

4 Während die Früchte kochen, den Saftbeutel vorbereiten, das heißt, ihn gleichmäßig mit kochendem Wasser überbrühen, gründlich ausdrücken und über eine große, nicht-metallische Schüssel hängen.

5 ▶ Den Fruchtbrei in den Saftbeutel geben und einige Stunden oder über Nacht, aber höchstens 24 Stunden, abtropfen lassen. Dabei den Beutel nicht bewegen oder drücken, um das Gelee nicht zu trüben.

6 ▲ Den abgetropften Saft abmessen und pro 600 ml Flüssigkeit 450 g Zucker abwiegen. Den Saft in einen sauberen Einkochtopf füllen, den Zucker erwärmen (siehe Kasten auf Seite 46) und zum Saft geben. Bei niedriger Temperatur rühren, bis sich der Zucker vollständig aufgelöst hat.

7 ▲ Die Mischung bei erhöhter Temperatur 10–12 Minuten sprudelnd kochen lassen, ohne zu rühren. Die Gelierprobe machen – zuvor den Topf vom Herd nehmen – und das Gelee abschäumen (siehe Kasten auf Seite 46). Das Gelee sogleich in vorgewärmte sterilisierte Gläser füllen und diese dabei schräg halten, um Luftblasen zu vermeiden. Verschließen und beschriften.

## Äpfel-Orangen-Gelee

**Zutaten**

*1,2 kg Kochäpfel*

*3 Orangen*

*1,2 l Wasser*

*Zucker*

1 Die Äpfel schälen, die Kerngehäuse herausschneiden und mit den Kernen beiseite legen, das Fruchtfleisch hacken. Die Orangen ungeschält hacken und die Kerne entfernen. Die Kerngehäuse der Äpfel und alle Kerne in einem Mulltuch zu einem Säckchen verschnüren.

2 Die gehackten Früchte mit dem Wasser in einem Einkochtopf aufkochen und 50 Minuten leise köcheln lassen, bis die Früchte musig weich sind. Das Säckchen herausnehmen und wegwerfen.

3 Während die Früchte kochen, den Saftbeutel gleichmäßig mit kochendem Wasser übergießen, ausdrücken, aufhängen (siehe Kasten auf Seite 41). Den Fruchtbrei hineingeben und einige Stunden oder auch über Nacht, jedoch höchstens 24 Stunden, ablaufen lassen.

4 Den abgetropften Saft abmessen und pro 600 ml Flüssigkeit 450 g Zucker abwiegen. Den Saft in einen sauberen Einkochtopf geben, den Zucker erwärmen (siehe Kasten links), zum Saft geben und bei niedriger Temperatur rühren, bis er sich ganz aufgelöst hat.

5 Die Mischung bei stärkerer Hitze, ohne zu rühren, 10–12 Minuten sprudelnd kochen lassen, bis der Gelierpunkt erreicht ist. Die Gelierprobe machen und gründlich abschäumen.

6 Das Gelee in sterilisierte, vorgewärmte Gläser füllen, diese dabei schräg halten, um Luftblasen zu vermeiden, verschließen und beschriften.

**Ergibt etwa 1,6 kg**

**Zucker erwärmen** Bei der Geleeherstellung errechnet sich die benötigte Zuckermenge aus der Menge des Saftes, den die gekochten Früchte abgeben. Es ist daher nicht möglich, bei den Zutaten eine genaue Angabe zu machen. Sorgen Sie also sicherheitshalber für ausreichende Zuckervorräte. Der abgewogene Zucker sollte erwärmt werden, damit er sich schneller im Saft löst. Den Backofen auf niedrigster Stufe vorheizen und den Zucker in einer hitzebeständigen Schüssel für 15 Minuten hineingeben.

## Gelee von gemischten Früchten

**Zutaten**

*450 g Kochäpfel*

*4 große Orangen*

*1 Zitrone*

*$1^3/_4$ l Wasser*

*450 g Erdbeeren*

*Zucker*

1 Äpfel, Orangen und Zitrone ungeschält und, ohne die Kerngehäuse und Kerne zu entfernen, grob hacken und mit dem Wasser in einem Einkochtopf zum Kochen bringen. Die Früchte anschließend 40–45 Minuten leise sprudelnd köcheln, bis das Fruchtfleisch musig ist.

2 Die Erdbeeren entstielen, halbieren und in den Topf geben. Das Ganze erneut aufwallen und 5 Minuten leise köcheln lassen, bis die Erdbeeren sehr weich sind.

3 Inzwischen den Saftbeutel gleichmäßig mit kochendem Wasser überbrühen, kräftig ausdrücken und aufhängen (siehe Kasten auf Seite 41). Den Fruchtbrei hineingeben und einige Stunden oder über Nacht, jedoch nicht länger als 24 Stunden, abtropfen lassen.

4 Den gewonnenen Saft abmessen und pro 600 ml 450 g Zucker abwiegen. Den Saft in einen sauberen Einkochtopf gießen, den Zucker erwärmen (siehe Kasten oben), zum Saft geben und bei niedriger Temperatur rühren, bis er sich völlig aufgelöst hat.

5 Die Temperatur hochschalten und die Mischung, ohne zu rühren, 30–35 Minuten sprudelnd kochen lassen. Den Topf vom Herd nehmen, die Gelierprobe machen und das Gelee abschäumen (siehe Kasten auf Seite 46). Das Gelee sogleich in vorgewärmte sterilisierte Gläser füllen, diese dabei schräg halten, um Luftblasen zu vermeiden, verschließen und beschriften.

**Ergibt etwa 1 1/2 kg**

## Apfel-Chili-Gelee

### Zutaten

*1,4 kg Kochäpfel*

*600 ml Wasser*

*300 ml Apfelessig*

*100 g frische grüne Chilischoten*

*Zucker*

*2–3 Tropfen grüne Lebensmittelfarbe (nach Belieben)*

1 Die Äpfel ungeschält und mitsamt Kerngehäuse hacken, mit dem Wasser und Essig in einen Einkochtopf geben.

2 Die Chilischoten putzen, längs halbieren, die Samen entfernen und die Schoten in den Topf geben.

3 Das Ganze einmal aufkochen und 20–25 Minuten köcheln lassen, bis das Fruchtfleisch musig weich ist.

4 Währenddessen den Saftbeutel vorbereiten: gleichmäßig mit kochendem Wasser übergießen, gründlich ausdrücken und aufhängen (siehe Kasten auf Seite 41). Den Fruchtbrei hineingeben und einige Stunden oder über Nacht, jedoch höchstens 24 Stunden, abtropfen lassen.

5 Den aufgefangenen Saft abmessen und in einen sauberen Einkochtopf geben. Pro 600 ml Saft 450 g Zucker abwiegen, erwärmen (siehe Kasten auf Seite 44), zum Saft geben und bei niedriger Temperatur rühren, bis der Zucker sich aufgelöst hat.

6 Die Mischung bei erhöhter Temperatur und, ohne zu rühren, 8-10 Minuten sprudelnd kochen lassen, bis der Gelierpunkt erreicht ist. Die Gelierprobe durchführen und abschäumen (siehe Kasten auf Seite 46).

7 Nach Belieben die Lebensmittelfarbe einrühren und das Gelee sogleich in sterilisierte, vorgewärmte Gläser füllen. Diese dabei schräg halten, um Luftblasen zu vermeiden, verschließen und beschriften.

**Ergibt etwa 450 g**

**Nützlicher Tip**

Beim Umgang mit Chilischoten sind einige Vorsichtsmaßregeln zu beachten: Gummihandschuhe tragen, um Hautirritationen vorzubeugen; Berührungen von Augen und Nase vermeiden. Anschließend die Arbeitsfläche gründlich abwaschen.

## Traubengelee

### Zutaten

*1,4 kg grüne Weintrauben*

*Saft von 2 Zitronen*

*600 ml Wasser*

*Zucker*

1 Die Trauben grob zerschneiden, mit dem Zitronensaft und dem Wasser in einem Einkochtopf erhitzen, nach dem Aufwallen 30 Minuten leise köcheln lassen, bis das Fruchtfleisch musig weich ist.

2 Unterdessen den Saftbeutel gleichmäßig mit kochendheißem Wasser übergießen, gründlich ausdrücken und aufhängen, wie im Kasten auf Seite 41 beschrieben. Den Fruchtbrei hineingeben und einige Stunden oder über Nacht, jedoch höchstens 24 Stunden, ablaufen lassen.

3 Den abgetropften Saft abmessen. Pro 600 ml 450 g Zucker abwiegen und erwärmen (siehe Kasten auf Seite 44). Den Saft mit dem Zucker in den gesäuberten Einkochtopf geben und bei niedriger Temperatur rühren, bis der Zucker sich ganz aufgelöst hat.

4 Die Temperatur erhöhen und die Mischung 12 Minuten sprudelnd kochen lassen, ohne zu rühren. Die Gelierprobe machen und das Gelee abschäumen (siehe Kasten auf Seite 46).

5 Das Gelee unverzüglich in vorgewärmte sterilisierte Gläser füllen, die schräg gehalten werden, um Luftblasen zu vermeiden. Die Gläser verschließen und beschriften.

**Ergibt etwa 675 g**

**Chamäleon**

*Grüne Trauben ergeben ein Gelee mit rosa Schimmer.*

## BROMBEERGELEE

### ZUTATEN

*2 1/4 kg Brombeeren*

*Saft von 2 Zitronen*

*900 ml Wasser*

*Zucker*

**Gelierprobe und Abschäumen** Den Topf vom Herd nehmen und die Konsistenz überprüfen. Besonders zuverlässig ist dabei ein Zuckerthermometer: Bei Erreichen des Gelierpunkts zeigt es 104 °C an. Falls kein solches Thermometer zur Verfügung steht, etwas Gelee auf einen kalten Teller geben und in den Kühlschrank stellen. Bildet sich eine Haut, die sich bei Berührung mit dem Finger leicht zieht, ist die richtige Konsistenz erreicht. Mit einem langstieligen Edelstahllöffel den Schaum von der Oberfläche vorsichtig abschöpfen.

**1** Die Brombeeren – große, möglichst ausgereifte Beeren nehmen – zusammen mit dem Zitronensaft und dem Wasser in einen Einkochtopf geben, einmal aufwallen und 30 Minuten leise köcheln lassen, bis die Früchte musig zerfallen.

**2** Inzwischen den Saftbeutel gleichmäßig mit kochendem Wasser übergießen, gründlich ausdrücken und aufhängen (siehe Kasten auf Seite 41). Das Brombeermus in den vorbereiteten Saftbeutel füllen und einige Stunden oder über Nacht, jedoch höchstens 24 Stunden, abtropfen lassen.

**3** Den gewonnenen Saft abmessen und in einen sauberen Einkochtopf geben. Pro 600 ml Saft 450 g Zucker abwiegen, erwärmen (siehe Kasten auf Seite 44) und zum Saft geben. Bei niedriger Temperatur mit einem Holzlöffel rühren, bis sich der Zucker vollständig aufgelöst hat.

**4** Die Mischung bei erhöhter Temperatur, ohne zu rühren, 9–10 Minuten sprudelnd kochen lassen. Die Gelierprobe machen und das Gelee abschäumen (siehe Kasten links).

**5** Das Gelee unverzüglich in sterilisierte, vorgewärmte Gläser füllen, diese dabei schräg halten, um Luftblasen zu vermeiden. Die Gläser verschließen und beschriften.

**Ergibt etwa 1,4 kg**

## HOLZAPFELGELEE

### ZUTATEN

*2 3/4 kg Holzäpfel*

*Saft von 2 Zitronen*

*1 3/4 l Wasser*

*5 ganze Gewürznelken*

*Zucker*

**1** Die Holzäpfel ungeschält und mitsamt Kerngehäuse grob hacken. Mit dem Zitronensaft, dem Wasser und den Gewürznelken in einem Einkochtopf zum Kochen bringen und 40 Minuten leise köcheln lassen, bis das Fruchtfleisch musig weich ist.

**2** Währenddessen den Saftbeutel vorbereiten: gleichmäßig mit kochendem Wasser übergießen, gründlich ausdrücken und aufhängen (siehe Kasten auf Seite 41). Den Fruchtbrei hineingeben und einige Stunden oder auch über Nacht, höchstens aber 24 Stunden, abtropfen lassen.

**3** Den aufgefangenen Saft abmessen. Pro 600 ml 450 g Zucker abwiegen, erwärmen (siehe Kasten auf Seite 44) und mit dem Saft in einen sauberen Einkochtopf geben. Bei niedriger Temperatur rühren, bis sich der Zucker völlig aufgelöst hat.

**4** Die Mischung bei erhöhter Temperatur, ohne zu rühren, 9–10 Minuten sprudelnd kochen lassen. Die Gelierprobe durchführen und das Gelee abschäumen (siehe Kasten oben).

**5** Sogleich in sterilisierte und vorgewärmte Gläser füllen, die dabei schräg gehalten werden, um Luftblasen zu vermeiden. Die Gläser verschließen und beschriften.

**Ergibt etwa 1,8 kg**

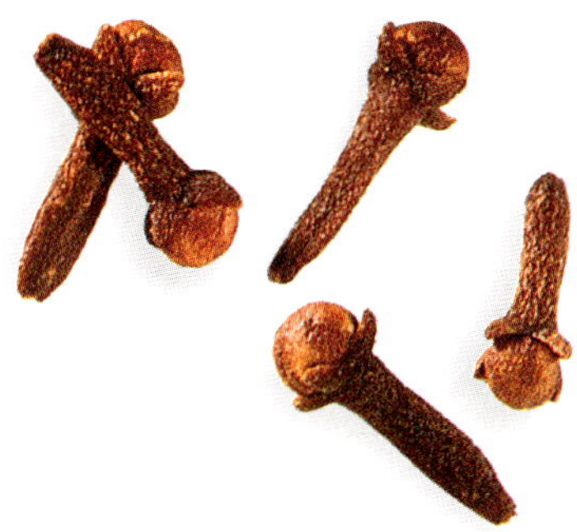

# Fruchtmuse und -Pasten

Sobald eine Flut sonnengereifter Früchte die Geschäfte überschwemmt und die Preise merklich sinken, ist die Zeit gekommen für die Zubereitung von Musen und Pasten. Ihre Herstellung verlangt kein großes Können, sondern kaum mehr als einen stabilen Holzlöffel zum Umrühren. Mit ihrem herb-süßen Aroma schmecken Fruchtmuse auf Brot und Toast ebenso wie auf Brötchen und Kuchen, sie können dabei sogar die Butter ersetzen. Die Fruchtpasten dagegen werden gern in dekorative Förmchen gefüllt und, nachdem sie fest geworden sind, in Scheiben, Würfel oder Schnitze geschnitten und nach Belieben auch mit Zucker bestreut. Obwohl schon Jahrtausende alt, sind sie niemals aus der Mode gekommen. In Südfrankreich werden sie zu Frischkäse serviert. In Mexiko und Brasilien bereitet man Fruchtpasten aus Guaven, Quitten, Mangos und Ananas und genießt sie zu Rahmkäse und Crackers. Doch auch unsere heimischen Früchte ergeben Muse und Pasten von exquisitem Geschmack und reizvoller Farbe.

## Fruchtmuse und -Pasten herstellen

♦ Nahezu alle Früchte sind geeignet, am besten aber Sorten mit intensivem Aroma wie Brombeeren, Zwetschgen, Quitten und Pflaumen. Zur geschmacklichen Abrundung Gewürze hinzufügen, zum Süßen normalen Zucker verwenden.

♦ Die Früchte nach Bedarf waschen, entstielen und entsteinen, schadhafte und angefaulte Stellen entfernen. Die Früchte in einen Einkochtopf geben – vorheriges leichtes Einfetten des Topfes verhindert ein Ansetzen der Früchte –, knapp mit Wasser bedecken, einmal aufkochen lassen und bei niedriger Temperatur unter gelegentlichem Rühren leise sprudelnd köcheln, bis die Früchte zu Mus zerfallen und die überschüssige Flüssigkeit verkocht ist. Das Mus durch ein Sieb streichen oder pürieren.

♦ Die Masse wiegen. Pro 450 g Fruchtmasse für Mus 225–350 g Zucker, für Pasten 450 g Zucker abwiegen. Den Zucker erwärmen (siehe Kasten auf Seite 44), mit der Fruchtmasse und etwaigen Gewürzen in den Topf geben und bei niedriger Temperatur rühren, bis er sich völlig aufgelöst hat.

♦ Die Mischung aufkochen, für Mus 30–45 Minuten, für Pasten 45–60 Minuten leise köcheln lassen, dabei häufig rühren, um ein Anbrennen zu verhindern. Die richtige Muskonsistenz ist erreicht, wenn ein Löffel der Fruchtmasse, auf einen Teller gegeben, keine Flüssigkeit mehr abgibt. Für die richtige Pastenkonsistenz muß beim Rühren über den Topfboden auf der Oberfläche eine Linie sichtbar bleiben.

♦ Fruchtmus in sterilisierte Gläser füllen (siehe Seite 11) und verschließen. Fruchtpaste in Förmchen gießen, die zuvor leicht mit Glyzerin ausgepinselt wurden. Die Förmchen stürzen und die Pasten nach Belieben in Form schneiden.

### Verschliessen und Lagern

Da Fruchtmus leicht austrocknet, muß es luftdicht verschlossen werden, am besten mit Schraubdeckeln. Fruchtmus hat eine zähe, aber streichfähige Konsistenz, hält sich nicht ganz so gut wie Konfitüre und sollte innerhalb von 3 Monaten verbraucht werden. In Förmchen gefüllte Pasten werden mit Wachsscheiben und Cellophan verschlossen (siehe Seite 15). Pasten halten sie sich bis zu einem Jahr.

### Pannen und ihre Ursachen

Einsetzende Gärprozesse sind meist auf eine zu kurze Kochzeit oder einen zu geringen Zuckergehalt zurückzuführen. Fruchtmuse und -pasten können karamelisieren, wenn der Zucker zugefügt wird, bevor das gesamte Wasser verkocht ist.

# ERDBEER-BIRNEN-MUS

*Sommerliche und herbstliche Aromen verschmelzen zu einem delikaten Genuß. Streichen Sie das konzentrierte Mus auf warme Pfannkuchen, angerichtet mit Erdbeerscheiben und Sahne, oder gönnen Sie sich im Winter einen leckeren Toast mit vollfruchtigem Aufstrich. Ein Gläschen dieser Zubereitungen, hübsch verpackt und dekoriert, ist auch ein stets willkommenes Geschenk.*

## ZUTATEN

*1,8 kg Birnen*

*450 g Erdbeeren*

*300 ml Wasser*

*1/2 TL Zimtpulver*

*Zucker*

***Ergibt etwa 775 g***

1 ▼ Die Birnen schälen, vierteln, die Kerngehäuse herausschneiden und das Fruchtfleisch fein hacken. Die Erdbeeren entstielen und vierteln.

2 Birnen und Erdbeeren mit dem Wasser und dem Zimtpulver in einem Einkochtopf einmal aufwallen lassen. Anschließend 1–1 1/4 Stunden unter gelegentlichem Rühren leise köcheln lassen, bis die Früchte weich sind und überschüssige Flüssigkeit völlig verkocht ist, so daß sich eine dicke, musige Masse ergibt.

3 ◀ Die Mischung über einer nicht-metallischen Schüssel mit dem Rücken eines Holzlöffels durch ein Kunststoffsieb streichen. Das Püree wiegen, pro 450 g Fruchtmasse 350 g Zucker abwiegen und erwärmen (siehe Kasten auf Seite 44).

4 Zusammen in den Topf geben und bei niedriger Temperatur mit einem Holzlöffel rühren, bis sich der Zucker gänzlich aufgelöst hat.

5 ▼ Die Mischung bei niedriger Temperatur unter häufigem Rühren köcheln lassen, bis sie nach etwa 15–20 Minuten die Konsistenz von dicker Creme annimmt. Das Mus ist fertig, wenn ein Löffel davon auf einem Teller keine Flüssigkeit mehr abgibt.

6 Den Topf vom Herd nehmen, das Mus mit einem Löffel bis 3 mm unter den Rand in vorgewärmte sterilisierte Gläser einfüllen, verschließen und beschriften.

## PFIRSICHMUS

**ZUTATEN**

*1 kg reife Pfirsiche*

*1/2 l Wasser*

*Zucker*

**1** Die Pfirsiche 1–2 Minuten in kochendes Wasser tauchen, in einer Schüssel mit Eiswasser abkühlen lassen und abgießen.

**2** Die Pfirsiche halbieren, entsteinen, häuten, das Fruchtfleisch grob hacken. Mit dem abgemessenen Wasser in einen Topf geben und unter gelegentlichem Rühren 20 Minuten leise köcheln lassen, bis das Fruchtfleisch richtig weich ist. Die Mischung über einer nicht-metallischen Schüssel durch ein Kunststoffsieb passieren.

**3** Das Püree wiegen, pro 225 g 100 g Zucker abwiegen und erwärmen (siehe Kasten auf Seite 44). Zusammen in den Topf geben und bei niedriger Temperatur rühren, bis sich der Zucker völlig aufgelöst hat. Unter häufigem Rühren bei niedriger Temperatur 30 Minuten weiterköcheln, bis sich ein Mus von dickcremiger Konsistenz ergibt.

**4** Das Pfirsichmus mit einem Löffel in warme sterilisierte Gläser füllen, verschließen und beschriften.

**Ergibt etwa 450 g**

## CRANBERRYMUS

**ZUTATEN**

*1,4 kg Cranberries (ersatzweise Preiselbeeren)*

*300 ml Wasser*

*Zucker*

**1** Die Cranberries mit dem Wasser in einem Topf zum Kochen bringen und unter häufigem Rühren 35–40 Minuten leise köcheln lassen, bis sie durch und durch weich sind. Über einer nicht-metallischen Schüssel durch ein Plastiksieb passieren.

**2** Das Fruchtpüree wiegen, pro 450 g 350 g Zucker abmessen und erwärmen (siehe Kasten auf Seite 44). Zusammen in den Topf geben und bei niedriger Temperatur rühren, bis sich der Zucker vollständig aufgelöst hat. 1 Stunde köcheln lassen, dabei häufig rühren, bis sich ein Mus von der Konsistenz einer dicken Creme ergibt.

**3** In vorgewärmte sterilisierte Gläser füllen, verschließen und beschriften.

**Ergibt etwa 1,2 kg**

## APFELMUS MIT CIDRE

**ZUTATEN**

*1 kg Tafeläpfel*

*1 kg Kochäpfel*

*1/4 l Cidre (Apfelwein)*

*Zucker*

*1 TL gemahlener Koriander*

**1** Die ungeschälten Äpfel samt Kerngehäuse grob hacken, mit dem Cidre in einen Topf geben und aufkochen. Die Mischung unter gelegentlichem Rühren 25–30 Minuten leise sprudelnd köcheln, bis die Äpfel sehr weich sind. Die Mischung über einer nicht-metallischen Schüssel durch ein Kunststoffsieb streichen.

**2** Das Fruchtpüree wiegen, pro 100 g Fruchtmasse 50 g Zucker abwiegen und erwärmen (siehe Kasten auf Seite 44). Zusammen mit dem Koriander in den Topf geben und bei niedriger Temperatur rühren, bis sich der Zucker aufgelöst hat.

**3** Bei niedriger Temperatur 30 Minuten zu einem Mus von der Konsistenz dicker Creme einkochen lassen, dabei häufig rühren.

**4** Sterilisierte und vorgewärmte Gläser mit dem Mus füllen, verschließen und beschriften.

**Ergibt etwa 675 g**

**Variation**

Eine herzhafte Note erhält dieses beliebte Fruchtmus durch Zugabe von gewürztem Einlege-Essig (Rezept Seite 120) anstelle des Cidre und von Zimtpulver statt Koriander, das zusammen mit der fein abgeriebenen Schale von 1 Zitrone eingerührt wird.

## PFLAUMENPASTE

### ZUTATEN

*2 3/4 kg kleine blaue Pflaumen*

*300 ml Wasser*

*Zucker, erwärmt (siehe Kasten auf Seite 44)*

**1** Die Pflaumen mit dem Wasser in einem Einkochtopf zum Kochen bringen und unter gelegentlichem Rühren 30 Minuten weich garen.

**2** Den Topfinhalt über einer nicht-metallischen Schüssel durch ein Plastiksieb streichen, die Steine wegwerfen, die Fruchtmasse wiegen und mit der gleichen Menge erwärmten Zuckers zurück in den Topf geben. Bei niedriger Temperatur rühren, bis sich der Zucker völlig aufgelöst hat.

**3** Zum Kochen bringen und unter häufigem Rühren 40–45 Minuten köcheln, bis sich eine dicke Masse ergibt, die sich beim Rühren über den Topfboden teilt und nicht mehr zusammenläuft.

**4** Die Paste mit einem Löffel bis 3 mm unter den Rand in sterilisierte vorgewärmte Gläser füllen, verschließen und beschriften.

**Ergibt etwa 1,8 kg**

## GUAVENPASTE

### ZUTATEN

*450 g Guaven aus der Dose*

*225 g Zucker, erwärmt (siehe Kasten auf Seite 44)*

*2 EL Zitronensaft*

*Diese Paste mit köstlich-exotischem Flair ist im Handumdrehen fertig.*

**1** Die Guaven abtropfen lassen, den Saft auffangen, die Früchte grob hacken und mit 100 ml Saft im Mixer zu einem glatten Püree verarbeiten.

**2** Das Püree mit dem erwärmten Zucker und dem Zitronensaft in einen Topf geben. Bei niedriger Temperatur rühren, bis sich der Zucker völlig aufgelöst hat. Die Mischung leise sprudelnd einkochen lassen, bis sie nach 12 Minuten so fest ist, daß sie sich beim Rühren über den Topfboden teilt und nicht mehr zusammenfließt.

**3** Die Paste mit einem Löffel bis 3 mm unter den Rand in warme sterilisierte Gläser einfüllen, verschließen und beschriften.

**Ergibt etwa 350 g**

**Schon gewußt?**

Guaven sind eiförmige tropische Früchte mit gelber bis grüner Schale und weißlichem bis rotem Fruchtfleisch. Frisch sind sie nicht immer erhältlich, Dosenguaven sind für dieses Rezept ein guter Ersatz.

## PFLAUMEN-ZITRONEN-PASTE

### ZUTATEN

*2 3/4 kg Pflaumen*

*300 ml Wasser*

*Zucker, erwärmt (siehe Kasten auf Seite 44)*

*fein abgeriebene Schale und Saft von 2 Zitronen*

**1** Die Pflaumen mit dem Wasser in einem Einkochtopf aufkochen und 30 Minuten unter gelegentlichem Rühren leise köcheln lassen.

**2** Die Pflaumen mit ihrem Saft über einer nicht-metallischen Schüssel durch ein Kunststoffsieb streichen, die Steine entfernen, das Püree wiegen und mit der gleichen Menge erwärmten Zuckers zurück in den Topf geben. Zitronenschalen und -saft zufügen und bei niedriger Temperatur rühren, bis sich der Zucker vollständig aufgelöst hat.

**3** Aufkochen und 40–45 Minuten bei niedriger Temperatur unter häufigem Rühren leise köchelnd eindicken lassen, bis sich die Paste beim Rühren über den Topfboden teilt und nicht mehr zusammenläuft.

**4** Die Mischung mit einem Löffel bis 3 mm unter den Rand in vorgewärmte sterilisierte Gläser füllen, verschließen und beschriften.

**Ergibt etwa 1,8 kg**

# Fruchtcremes

Wer »Fruchtcreme« hört, denkt sofort an Zitronencremetörtchen. Zitronencreme ist auch eindeutig der Favorit. Es gibt aber andere, nicht minder köstliche Varianten, mit denen Sie sich selbst verwöhnen oder liebe Freunde überraschen können. So lassen sich auch Orangen und Limetten zu Fruchtcremes verarbeiten. Fruchtcremes sind herbfruchtige Zubereitungen, die durch Butter und Eier eine besonders geschmeidige Konsistenz erhalten. Sie müssen im Kühlschrank aufbewahrt und selbst dann innerhalb eines Monats verbraucht werden. Je frischer sie sind, desto besser schmecken sie, denn ihre charakteristische, fruchtige Note verliert sich rasch. Nicht nur als Aufstrich auf dunklem oder Toastbrot sowie auf einfachem Kuchen sind sie eine begehrte Leckerei, sondern man kann aus ihnen auch Desserts herstellen oder sie zusammen mit bunten Fruchtstücken über Eiscreme geben. Und was gäbe es an einem verregneten Sonntagnachmittag Besseres zu tun, als zum Kaffee Torteletts mit Fruchtcreme zu füllen?

## Fruchtcremes herstellen

♦ Die Zutaten, besonders die Eier, müssen frisch sein. Zum Süßen wird extrafeiner Zucker verwendet, der sich trotz der nur sanften Hitzeeinwirkung gut auflöst.

♦ Die Schalen der verarbeiteten Zitrusfrüchte fein abreiben, den Saft auspressen, abmessen und in eine nicht-metallische Schüssel geben, die in einen Topf mit leise sprudelndem Wasser eingehängt ist (gut geeignet ist auch ein Turmtopf). Die abgeriebene Schale, die Butter und den Zucker zufügen und bei niedriger Temperatur mit einem Holzlöffel rühren, bis die Butter geschmolzen ist und der Zucker sich vollständig aufgelöst hat. Die Eier leicht verschlagen, über der Schüssel durch ein Sieb streichen und die Mischung unter ständigem Rühren leise weiterköcheln lassen, bis sie den Löffelrücken beim Herausziehen cremig überzieht. Fruchtcremes müssen lange und sanft gekocht werden und vertragen keine hohen Temperaturen, dürfen also keinesfalls aufkochen.

♦ Die eingedickte Creme sogleich in vorgewärmte sterilisierte Gläser füllen (siehe Seite 11). Aufgrund ihrer begrenzten Haltbarkeit werden Fruchtcremes am besten in kleinen Mengen hergestellt und in 225-g-Gläser gefüllt, und zwar bis zum Rand, da die Creme beim Erkalten noch zusammenschrumpft und eindickt.

### VERSCHLIESSEN UND LAGERN

Wachsscheiben und Einmachcellophan sind geeignet, um Schimmelbildung entgegenzuwirken. Mit der Wachsseite nach unten auf die Creme legen, leicht andrücken, um Luftblasen zu beseitigen, und abkühlen lassen. Ein rundes, angefeuchtetes Stück Cellophan mit einem Gummiring über das Glas spannen. Das Glas beschriften, im Kühlschrank aufbewahren und innerhalb eines Monats aufbrauchen.

### PANNEN UND IHRE URSACHEN

Zu dünnflüssige Fruchtcremes wurden nicht ausreichend gekocht, eine geronnene Creme wurde zu stark erhitzt.

**Ein warnender Hinweis** Aufgrund der schonenden Zubereitung von Fruchtcremes werden die Eier nicht richtig gegart. Wenn Sie das Risiko einer Salmonellenvergiftung fürchten, sollten Sie auf den Genuß von Fruchtcremes verzichten.

# ZITRONENCREME

*Reichlich Zitrone verleiht dieser Creme eine herzhafte Säure, durch frische Eier, sahnige Butter und feinen Zucker erhält sie ihre samtige Konsistenz. Auch im Kühlschrank hält sich Zitronencreme nur einen Monat, doch ist von dem begehrten Gaumenschmaus bis dahin wahrscheinlich sowieso nichts mehr übrig.*

## ZUTATEN

*6–8 große, saftige Zitronen*

*225 g Butter*

*575 g extrafeiner Zucker*

*5 Eier (Klasse 1)*

***Ergibt etwa 1,2 kg***

1 ▶ Die Zitronenschale auf der feinsten Reibe abreiben. Den Saft auspressen und über einem großen Meßbecher durchseihen – es werden 300 ml benötigt.

2 ▼ Die Butter in kleine Stücke schneiden und mit dem Zucker, der Zitronenschale und dem -saft in eine Glasschüssel geben, die in einen Topf mit reichlich siedendem Wasser eingehängt ist. Weder darf der Schüsselboden ins Wasser reichen, noch darf das Wasser sprudelnd kochen. Rühren, bis die Butter geschmolzen ist und der Zucker sich völlig aufgelöst hat.

**Gewachste Zitronen**
*Die Wachsschicht auf Zitrusfrüchten vor dem Abreiben der Schale mit einer Bürste entfernen.*

3 ▼ Die Eier in einer Schüssel leicht verschlagen, aber nicht verquirlen, und durch ein Plastiksieb in die Butter-Zucker-Zitronen-Mischung streichen. Bei niedriger Temperatur mit einem Holzlöffel ständig rühren, bis die Mischung nach 20-25 Minuten etwas eindickt. Sie darf nicht aufkochen, da sie sonst gerinnt.

4 ▲ Sobald die Creme den Holzlöffel beim Herausziehen dick überzieht, die Schüssel aus dem Wasserbad nehmen.

5 ▲ In vorgewärmte sterile Gläser füllen, eine Wachsscheibe, Wachsseite nach unten, darauflegen und andrücken, um Luftblasen zu entfernen. Abkühlen lassen.

6 ▲ Die Gläser mit einem angefeuchteten Cellophan und einem Gummiring verschließen, beschriften und im Kühlschrank aufbewahren.

## FRUCHTCREME-VARIATIONEN

*Auch Orangen, Limetten und Grapefruits ergeben köstliche Fruchtcremes. Durch weniger oder mehr Zucker erhält die Creme eine herbere oder süßere Note. Einige Eßlöffel eines aromatischen Likörs erhöhen noch den Gaumenkitzel.*

***Oben:*** *Limettencreme;* ***rechts:*** *Orangencreme*

**ORANGENCREME**
Diese Variante mundet köstlich zu warmen Pfannkuchen, angerichtet mit geschlagener Sahne und beträufelt mit frisch gepreßtem Orangensaft. Das Rezept für Zitronencreme befolgen, jedoch den Saft von 3 mittelgroßen Orangen und von 1 Zitrone verarbeiten. Insgesamt werden 300 ml Saft benötigt.

**LIMETTENCREME**
Eine besonders erfrischende Variante, die durch den Saft und die abgeriebene Schale von Limetten eine zartgrüne Farbe erhält. Limettencreme schmeckt herrlich als Füllung in einem Biskuitkuchen oder als Sauce über Eiscreme. Um die erforderlichen 300 ml Saft zu erhalten, werden etwa 10 saftige Limetten benötigt.

**◀ CREME VON ROSA GRAPEFRUITS UND LIMETTEN**
Diese Variante enthält die fein abgeriebene Schale von 2 rosa Grapefruits und 1 Limette sowie den Saft der Früchte (insgesamt 300 ml). Falls die Creme zu dünnflüssig gerät, etwas gemahlenen Reis sehr gründlich unterrühren.

**BESCHWIPSTE FRUCHTCREME**
Einige Eßlöffel eines gehaltvollen Likörs, zum Beispiel Eierlikör, einrühren. Diese Creme ist wunderbar als Füllung für einen Mürbeteigboden, der dann großzügig mit Scheiben exotischer Früchte belegt wird.

**Schon gewußt?**
Aromatische Fruchtcremes, einfach auf Brot oder zwischen Biskuitscheiben gestrichen, waren Mitte des 19. Jahrhunderts bis zur Jahrhundertwende in England als Leckerei zum Nachmittagstee sehr beliebt. Auch wurden sie als Füllung für »Trifles« verwendet oder mit elegantem Schwung in Torteletts gespritzt. Schon im letzten Jahrhundert empfahl eine kreative Köchin eine Art Zitronencreme als Füllung für Blätterteigtörtchen. Außer Eiern, Zucker, gekneteter Butter und Zitrone kam »ein Löffel voll Mehl, gut getrocknet und gesiebt«, zur Verwendung. Zwar enthalten die meisten Fruchtcremes kein Mehl, doch werden dünnflüssige Cremes auf diese Weise sämiger, wie etwa in nebenstehendem Rezept für Creme von rosa Grapefruits und Limetten durch Zugabe von gemahlenem Reis.

# Früchte in Alkohol, aromatisierte Getränke

# Früchte in Alkohol

Nichts ist so köstlich wie Früchte, die den Geschmack von Wein, Likör oder anderen Spirituosen in sich aufgenommen und ihr eigenes Aroma an die Flüssigkeit abgegeben haben. Ganz alltägliche Backpflaumen erfahren eine erstaunliche Veränderung, wenn sie eine Zeitlang in Portwein ziehen. Rum, Gin und Weinbrand harmonieren besonders gut mit Sommer- und Herbstfrüchten, Kirschwasser ergänzt aromareiche Früchte wie Himbeeren, Brombeeren, Loganbeeren und Ananas aufs wunderbarste, Whisky paßt vorzügliche zu Weintrauben, und Aprikosen entwickeln in Curaçao ein herrliches neues Aroma. Manche Obstsorten werden – gegart – auch in Wein eingelegt, wenngleich sie sich in Kombination mit hochprozentigem Alkohol besser halten. Früchte in Alkohol, mit Zucker gesüßt, bestechen durch ihr Aussehen und mehr noch durch ihren Geschmack; sie sind ohne großen zeitlichen und sonstigen Aufwand leicht herzustellen. Sie schmecken, mit Schlagsahne angerichtet, ausgezeichnet zum Dessert und sind eine delikate Beigabe zu Braten, Wild und Geflügel, speziell zu Ente.

## Früchte in Alkohol herstellen

♦ Reife, jedoch keine überreifen Früchte auswählen, da diese im Alkohol nicht ihre Form bewahren. Schadhafte oder angefaulte Stellen entfernen, die Früchte waschen, trockentupfen und, falls nötig, entsteinen. Obstsorten wie Birnen schälen und vom Kerngehäuse befreien. Weiche Früchte wie Beeren, Aprikosen und Pfirsiche können roh eingelegt werden, während festere Sorten wie Äpfel und manche Pflaumen eventuell zunächst leicht gegart werden müssen.

♦ Die Gefäße müssen sterilisiert (siehe Seite 11) und, wenn heiße Früchte eingefüllt werden, vorgewärmt sein. Die Früchte entweder lagenweise mit Zucker hineineingeben oder in Zuckersirup einlegen. Gewöhnlich wird zum Süßen normaler weißer Zucker verwendet, doch eignet sich auch hellbrauner Zucker (= mit Melasse gebräunter Zucker, den es hell- und dunkelbraun gibt), der den Konserven einen besonderen Geschmack und eine dunklere Farbe verleiht. Die Gläser in den ersten Tagen ein- bis zweimal täglich schütteln, damit sich der Zucker schneller auflöst und gut mit dem Alkohol vermischt.

♦ Die Früchte mit dem jeweiligen Alkohol völlig bedecken und darauf achten, daß keine Luftblasen verbleiben. Da die benötigte Flüssigkeitsmenge je nach Größe der Früchte und verwendeter Zuckermenge variieren kann, dafür sorgen, daß von dem jeweiligen Alkohol ein größerer Vorrat im Haus ist.

♦ Es können Aromen wie Gewürznelken, Zimtstange und Piment hinzugegeben werden.

### VERSCHLIESSEN UND LAGERN

Damit sich der Alkohol nicht verflüchtigt, müssen die Gläser luftdicht verschlossen werden, am besten mit kunststoffbeschichteten Schraubdeckeln. Die Gläser 1 Monat, möglichst aber länger an einen kühlen, dunklen Platz stellen, damit sich das volle Aroma entwickeln kann, und gelegentlich schütteln, um den Zucker und die Geschmacksstoffe zu vermischen. Solange die Früchte vom Alkohol bedeckt sind, können sie etwa 1 Jahr aufbewahrt werden, ihr Aroma verbessert sich.

### PANNEN UND IHRE URSACHEN

Manche Früchte steigen gern an die Oberfläche. Um dies zu verhindern, die Gläser entweder bis zum Rand mit Früchten füllen oder ein Stück zerknülltes Pergamentpapier obenauf legen, das nach etwa 1 Woche entfernt wird. Vor dem erneuten Verschließen der Gläser prüfen, ob die Früchte vom Alkohol bedeckt sind. Sollte der Pegel gesunken sein, deutet dies auf einen undichten Verschluß hin.

# Beerentopf mit Kirsch

*Dieser köstliche Früchtetopf kann entweder auf einmal angesetzt oder aber im Laufe des Sommers mit den jeweils heranreifenden Beeren immer weiter ergänzt werden. Wird das Glas nicht gleich bis oben gefüllt, geben Sie eine leicht beschwerte Untertasse oder zerknülltes Pergamentpapier auf die Früchte, damit sie nicht an die Oberfläche steigen. Nach Einfüllen der letzten Lage das Ganze mit Kirschwasser bedecken und das Glas wieder gut verschließen.*

## Zutaten

*675 g gemischte Beeren, zum Beispiel Himbeeren, Boysenbeeren, kleine Erdbeeren, Heidelbeeren, Brombeeren sowie rote, weiße und schwarze Johannisbeeren*

*250 g Zucker*

*etwa 300 ml Kirschwasser*

***Ergibt 1 Glas von 1 l***

1 ◀ Die Früchte verlesen, dabei Blätter, Stiele und Blütenansätze sowie schadhafte oder angefaulte Exemplare entfernen. Die Johannisbeeren mit Hilfe einer Gabel von den Rispen abstreifen. Die Früchte in einem Plastiksieb waschen und auf Küchenpapier abtropfen lassen.

2 ▶ Die Früchte mit dem Zucker lagenweise bis 2,5cm unterhalb des Randes in ein sterilisiertes Glas füllen.

3 ▲ Die Beeren gut 1 cm mit Kirsch bedecken, aufpassen, daß zwischen den Beeren keine Luftblasen verbleiben. Das Glas fest verschließen und beschriften.

4 An einem kühlen, dunklen Ort 2–3 Monate Geschmack entwickeln lassen, das Glas gelegentlich kippen, damit sich der Zucker richtig auflöst.

**Doppelter Genuß**
*Die Früchte ergeben ein geradezu berauschendes Dessert, während der mit Beerenaroma angereicherte Kirsch ein köstlicher »Seelenwärmer« ist.*

## MANGOS IN WEINBRAND

ZUTATEN

*3–4 große Mangos*

*225 g Zucker*

*450 ml Weinbrand*

**1** Von den Mangos die beiden »Backen« beidseits des Steins abschneiden, das restliche, am Stein anhaftende Fleisch ablösen, die Fruchtscheiben schälen und in gleichmäßig große Stücke schneiden – es sollte sich etwa 1 kg ergeben.

**2** Die Mangostücke bis 2,5 cm unter den Rand in sterilisierte Gläser schichten und jede Lage zuckern.

**3** Die Früchte 1,25 cm hoch mit dem Weinbrand bedecken und darauf achten, daß keine Luftblasen verbleiben. Die Gläser verschließen, beschriften und kräftig schütteln.

**4** Mindestens 2 Monate an einem kühlen, dunklen Platz durchziehen lassen und in der ersten Woche gelegentlich schütteln, damit sich der Zucker richtig im Weinbrand auflöst.

**Ergibt 3 Gläser von etwa 1/2 l**

## BIRNEN IN WODKA

ZUTATEN

*1 kg reife Birnen*

*450 g Zucker*

*600–750 ml Wodka*

**1** Die Birnen schälen, vierteln und die Kerngehäuse entfernen. Zügig arbeiten, um ein Anlaufen der Früchte zu vermeiden. Die Früchte bis 2,5 cm unter den Rand in sterilisierte Gläser füllen und jede Lage reichlich zuckern.

**2** Die Birnen 1,25 cm hoch mit dem Wodka bedecken und dabei aufpassen, daß keine Luftblasen verbleiben. Die Gläser verschließen, beschriften und energisch schütteln.

**3** An einem kühlen, dunklen Platz mindestens 2–3 Monate ruhen lassen, damit sich der volle Geschmack entwickelt. Während der ersten Woche ab und zu schütteln, um den Zucker aufzulösen.

**Ergibt 2 Gläser von etwa 3/4 l**

## PFLAUMEN IN RUM

ZUTATEN

*1,4 kg Pflaumen*

*225 g Zucker*

*100 ml Wasser*

*350 ml hochprozentiger Rum*

**1** Die Pflaumen mit einer sterilisierten Nadel oder einem Holzspießchen ringsum einstechen. Den Zucker mit dem Wasser in einem Topf bei niedriger Temperatur erhitzen und mit einem Holzlöffel rühren, bis er sich vollständig aufgelöst hat. Die Pflaumen in den Sirup geben und 5 Minuten leise köcheln lassen. Vom Herd nehmen und abkühlen lassen.

**2** Die Pflaumen mit dem Sirup in sterilisierte Gläser füllen und das Ganze 2,5 cm hoch mit dem Rum bedecken. Die Gläser verschließen und beschriften.

**3** An einem kühlen, dunklen Ort mindestens 1 Monat ziehen lassen. Nach den ersten Tagen überprüfen, ob die Pflaumen noch vom Rum bedeckt sind, andernfalls auffüllen und wieder fest verschließen.

**Ergibt 4 Gläser von etwa 600 ml**

**Rumtopf** Diese deutsche Spezialität enthält traditionsgemäß Fruchtarten wie Kirschen, Erdbeeren, Aprikosen, Nektarinen und Pflaumen. Sie werden nach und nach hinzugefügt, jeweils mit Zucker bedeckt und mit hochprozentigem Rum übergossen. Der Rumtopf wird bis zur Adventszeit aufbewahrt.

## Backpflaumen in Portwein

**Zutaten**

*500 g entsteinte Backpflaumen*

*480–600 ml Tawny Port*

*Servieren Sie diese Delikatesse zu Schweinebraten oder Wild oder auch, mit dem Portwein beträufelt, zu Eiscreme als Dessert. Oder trinken Sie den Portwein wie einen Likör.*

**1** Die Backpflaumen in ein sterilisiertes Glas füllen und etwa 480 ml Portwein aufgießen, so daß die Früchte 4 cm hoch bedeckt sind.

**2** Das Glas verschließen, beschriften und an einen kühlen, dunklen Ort stellen.

**3** Wenn die Backpflaumen nach 1–2 Tagen so viel Flüssigkeit aufgesogen haben, daß sie nicht mehr bedeckt sind, den restlichen Portwein hinzugießen. Das Glas wieder fest verschließen und 1 Monat ruhen lassen, damit sich das volle Aroma entfalten kann.

**Ergibt 1 Glas von 1 l**

## Trunkene Aprikosen

**Zutaten**

*675–1000 g Aprikosen (je nach Größe)*

*350 g Zucker*

*240–300 ml Curaçao*

*240–300 ml dunkler Rum*

**1** Die Aprikosen mit einer sterilisierten Nadel oder einem Holzspießchen ringsum gleichmäßig einstechen.

**2** Die Früchte lagenweise mit dem Zucker bis 2,5 cm unter den Rand in sterilisierte Gläser füllen.

**3** In einem Glasmeßbecher Curaçao und Rum zu gleichen Teilen mischen und bis 1,25 cm hoch über die Früchte füllen. Aufpassen, daß keine Luftblasen verbleiben.

**4** Die Gläser verschließen, beschriften und gründlich schütteln, damit sich der Zucker besser mit dem Alkohol vermischt.

**5** Mindestens 2 Monate an einen kühlen, dunklen Ort stellen, so daß sich der volle Geschmack entwickeln kann. In der ersten Woche ab und zu schütteln, damit sich der Zucker vollständig auflöst.

**Ergibt 2 Gläser von etwa 3/4 l**

**Variation**

Nach diesem Rezept lassen sich auch Mandarinen oder Clementinen einlegen. Die Früchte nur schälen, weder zerteilen noch einstechen. Lagenweise mit dem Zucker in Gläser füllen, abgeriebene Orangenschale zufügen und ab Schritt 3 weiterverfahren.

## Birnen in Weinbrand

**Zutaten**

*1,4 kg feste, reife Birnen*

*100 g Zucker*

*1/2 l Weinbrand*

**1** Die Birnen schälen und vierteln – kleinere Exemplare nur halbieren – und die Kerngehäuse entfernen.

**2** Die Fruchtstücke mit dem Zucker in einen Topf geben und gerade eben mit Wasser bedecken. Zugedeckt etwa 30 Minuten leise köcheln, bis sie weich sind und der Zucker vollständig aufgelöst ist. Die Birnen abkühlen lassen und mit einem Schaumlöffel in sterilisierte Gläser geben.

**3** Den Sirup bei hoher Temperatur auf 1/4 l einkochen lassen, über die Birnen gießen und die Gläser bis 2,5 cm unter den Rand mit Weinbrand füllen.

**4** Die Gläser verschließen, beschriften und für mindestens 1 Monat an einen kühlen, dunklen Platz stellen, so daß sich das volle Aroma entwickeln kann.

**Ergibt 3 Gläser von etwa 300 ml**

**Nützlicher Tip** Die geschälten Birnen in Zitronensaft oder in gesäuertes Salzwasser einlegen, damit sie bis zur weiteren Verarbeitung nicht dunkel anlaufen (auf 1 l Wasser je 1 TL Salz und Zitronensäure geben).

## Weintrauben in Whisky

**Zutaten**

*1–1,1 kg kernlose Weintrauben*

*450 g Zucker*

*600–750 ml Whisky*

**1** Die Trauben mit einer sterilisierten Nadel oder einem Holzspießchen ringsum einstechen und lagenweise mit dem Zucker in sterilisierte Gläser geben. Zwischen der letzten Lage und dem Glasrand etwa 2,5 cm freilassen.

**2** Bis 1,25 cm über den Trauben Whisky einfüllen. Langsam gießen, so daß keine Luftblasen verbleiben.

**3** Die Gläser verschließen, beschriften und energisch schütteln. Mindestens 2–3 Monate an einem kühlen, dunklen Ort ziehen lassen, damit sich die Aromen gut vermischen, dabei in der ersten Woche ab und zu schütteln, so daß sich der Zucker richtig auflöst.

**Ergibt 2 Gläser von etwa 3/4 l**

## Birnen in Rotwein

**Zutaten**

*600 ml Rotwein*

*450 g Zucker*

*2 kg Birnen*

*2 Zimtstangen*

*Weinbrand*

**1** Wein und Zucker in einem Einkochtopf bei niedriger Temperatur erhitzen und rühren, bis sich der Zucker ganz aufgelöst hat.

**2** Die Birnen schälen, vierteln, vom Kerngehäuse befreien und mit den Zimtstangen in den Topf geben. Einmal aufkochen und 5–10 Minuten leise köcheln lassen, bis die Birnen soeben weich werden – sie dürfen nicht zerfallen. Den Zimt entfernen und die Birnen mit Hilfe einer Schaumkelle herausheben, bis 2,5 cm unter den Rand in sterilisierte Gläser füllen.

**3** Den Sirup bei hoher Temperatur 5 Minuten kochen, ohne zu rühren, durch ein feines Sieb in einen Meßbecher gießen und so viel Weinbrand zufügen, daß sich 600–750 ml Flüssigkeit ergeben. Bis 1,25 cm hoch über den Birnen einfüllen, die Gläser verschließen und beschriften. Vor dem Genuß mindestens 2–3 Monate an einem kühlen, dunklen Platz durchziehen lassen.

**Ergibt 2 Gläser von etwa 3/4 l**

**Variation** Die Birnen können durch gemischte weiche rote Früchte wie Erdbeeren, Himbeeren und rote Johannisbeeren ersetzt werden. Diese roh in sterilisierte Gläser füllen. Den Weinsirup unter Zugabe von 6 zerdrückten Kardamomkapseln herstellen, wie in Schritt 1 beschrieben, durchseihen und die Früchte damit bedecken.

## Papayas mit Pistazien in Rum

**Zutaten**

*3 Papayas*

*50 g Pistazien*

*175 g Zucker*

*325 ml Rum*

**1** Die Papayas schälen und halbieren, die Kerne mit einem Löffel herausschaben und das Fruchtfleisch – benötigt werden etwa 575 g – in große Würfel schneiden.

**2** Die Pistazien 1 Minute blanchieren, abgießen und in eine Schüssel mit kaltem Wasser geben. Abtropfen lassen und die Haut mit den Fingern abreiben.

**3** Papayas und Pistazien lagenweise mit dem Zucker bis 2,5 cm unter den Rand in sterilisierte Gläser einfüllen. Das Ganze 1,25 cm hoch mit Rum bedecken und aufpassen, daß keine Luftblasen verbleiben.

**4** Die Gläser verschließen, beschriften und kräftig schütteln. Für mindestens 2–3 Monate an einen kühlen, dunklen Platz stellen, damit sich das volle Aroma entwickeln kann, und in der ersten Woche mehrmals schütteln, um den Zucker aufzulösen.

**Ergibt 2 Gläser von etwa 600 ml**

## Ananas in Kirsch

ZUTATEN

*2 reife Ananas (insgesamt etwa 2 kg)*

*450 g Zucker*

*450–600 ml Kirschwasser*

*Kirschwasser – oder Cherry Brandy – paßt hervorragend zu Ananas.*

1 Von den Ananas die Blattschöpfe abtrennen und die Schale in so dicken Streifen abschneiden, daß auch die »Augen« entfernt werden. Die Früchte quer in dicke Scheiben schneiden, die holzige Mitte ausstechen und das Fruchtfleisch würfeln.

2 Die Ananaswürfel abwechselnd mit dem Zucker bis 2,5 cm unter den Rand in sterilisierte Gläser einschichten.

3 Das Ganze 1,25 cm hoch mit Kirschwasser bedecken und dabei aufpassen, daß keine Luftblasen verbleiben. Die Gläser verschließen, beschriften und kräftig schütteln.

4 Vor dem Genuß mindestens 1–2 Monate an einem kühlen, dunklen Ort durchziehen lassen, in der ersten Woche gelegentlich schütteln, damit sich der Zucker richtig auflöst.

**Ergibt 2 Gläser von etwa 600 ml**

## Rosinen mit Wacholderbeeren in Genever

ZUTATEN

*675 g Rosinen*

*350 g Zucker*

*1 EL Wacholderbeeren*

*750–900 ml Genever*

*Genever wird aus Korn und Wacholderbeeren destilliert, daher liegt die Zugabe von weiteren Wacholderbeeren für diese Köstlichkeit nur nahe.*

1 Die Rosinen mit dem Zucker lagenweise in sterilisierte Gläser füllen und auf jede Lage einige Wacholderbeeren geben.

2 Die Gläser bis zum Rand mit Genever auffüllen. Darauf achten, daß keine Luftblasen verbleiben. Die Gläser verschließen, beschriften und energisch schütteln.

3 Am nächsten Tag überprüfen, ob die Rosinen nach wie vor vom Alkohol bedeckt sind. Nötigenfalls eine Lage entfernen und die Gläser wieder verschließen. Mindestens 2 Monate an einem kühlen, dunklen Ort ziehen lassen, damit sich das volle Aroma entwickeln kann, und in der ersten Woche ab und zu schütteln, um den Zucker richtig aufzulösen.

**Ergibt 2 Gläser von etwa 3/4 l**

**Schon gewußt?**

Genever ist ein holländischer Branntwein von kräftigem Geschmack. Rosinen in Genever werden in Holland traditionsgemäß zu Silvester gereicht. Gin bildet bei diesem Rezept einen geeigneten Ersatz.

## Pfirsiche in Weinbrand

ZUTATEN

*675–1000 g Pfirsiche (je nach Größe)*

*350 g Zucker*

*450–500 ml Weinbrand*

1 Die Pfirsiche halbieren, entsteinen und nach Belieben auch häuten.

2 Die Pfirsichhälften mit dem Zucker lagenweise bis höchstens 2,5 cm unter den Rand in sterilisierte Gläser einfüllen.

3 Das Ganze 1,25 cm hoch mit Weinbrand bedecken, diesen langsam eingießen, so daß keine Luftblasen verbleiben. Die Gläser verschließen, beschriften und kräftig schütteln.

4 Damit sich der volle Geschmack entfaltet, die Gläser mindestens 2–3 Monate an einem kühlen, dunklen Platz ruhen lassen und in der ersten Woche gelegentlich schütteln, um den Zucker gründlich aufzulösen.

**Ergibt 2 Gläser von etwa 900 ml**

# Aromatisierte Weine und Schnäpse

Fast alle handelsüblichen aromatisierten Weine und Schnäpse werden nach streng gehüteten Rezepturen hergestellt: Aquavit mit Kümmelsamen, Gin mit Wacholderbeeren, Sambuca und Ouzo mit Anis, um nur einige zu nennen. Obstbranntwein wird aus dem Saft von Früchten wie Zwetschen, Birnen, Kirschen und Himbeeren destilliert, während Vermouth nach einem komplizierten Verfahren unter Verwendung von Kräutern, Zuckersirup und Alkohol und unter Einsatz aller möglichen Gerätschaften entsteht. Dennoch ist die Herstellung aromatisierter Weine und Schnäpse nicht unbedingt nur der Industrie vorbehalten. Vanille- und Cherry Brandy sind im Nu angesetzt, feurige rote Chilischoten machen aus Sherry eine aparte Würze für Saucen und Eintöpfe, und trockener Weißwein erhält durch Früchte zusammen mit etwas Zuckersirup eine delikate Note. Man muß nur geduldig warten können, bis beide einander ihre Aromen mitgeteilt haben. Zwar ist der Wein dabei der eigentliche Gewinner, doch auch die Früchte sind gut in Eis oder Sorbet.

## Aromatisierte Weine und Schnäpse herstellen

♦ Ein großes Glas oder eine Flasche zum Einfüllen der Alkoholika und aromatisierenden Zutaten sterilisieren (siehe Seite 11).

♦ Die Zutaten auswählen. Frischen Beeren und Steinobst den Vorzug geben, sie sollten reif, aber nicht überreif sein. Kräuter müssen frisch sein, Gewürze werden grundsätzlich im ganzen verwendet. Bei der Wahl des Alkohols ist in erster Linie der persönliche Geschmack maßgebend: Jede Sorte mit einem Alkoholgehalt von mindestens 37,5 %-Vol. ist geeignet.

♦ Früchte zunächst waschen und trockentupfen, entstielen und schadhafte Stellen sowie angefaulte Bereiche entfernen. Steinobst wie Aprikosen halbieren und entsteinen. Kirschen werden nicht entsteint, sondern mit einer sterilisierten Nadel oder einem Holzspießchen ringsum eingestochen, so daß sie ihr Aroma und ihre Farbe an die Flüssigkeit abgeben können.

♦ Die Früchte in das vorbereitete Gefäß füllen, jede Lage mit Zucker bestreuen oder Zuckersirup darübergießen und zuletzt mit Alkohol auffüllen. Bei der Herstellung von Kräuter- und Gewürzweinen und -schnäpsen die geschmackgebenden Zutaten einfach in sterilisierte Flaschen geben – Kräuter zuvor leicht zerdrücken – und mit dem Alkohol übergießen.

♦ Der Geschmack braucht eine Weile, um sich zu entwickeln, dabei die Flaschen oder Gläser ab und zu schütteln. Fruchtschnäpse müssen etwa 3 Monate ziehen, mit frischen Zutaten aromatisierte Weine 2–3 Tage und mit getrockneten Früchten, Kräutern und Gewürzen angesetzte Weine bis zu 4 Wochen.

♦ Die Flüssigkeit durch ein doppelt gelegtes Mulltuch in sterilisierte Flaschen abgießen.

**VERSCHLIESSEN UND LAGERN**

Die Flaschen mit kunststoffbeschichteten Schraubverschlüssen luftdicht verschließen. Alternativ neue Korken verwenden, die sterilisiert und mit einem Holzhammer in die Flasche getrieben werden. Schnäpse halten sich an einem kühlen, dunklen Ort nahezu unbegrenzt. Nicht so aromatisierte Weine, sofern sie keine konservierenden Zutaten wie Zucker und Spirituosen enthalten.

**PANNEN UND IHRE URSACHEN**

Bei der Verwendung von gemahlenen Gewürzen trübt sich die Flüssigkeit, daher Gewürze nur unzerteilt verwenden. Ein schwaches Aroma deutet auf eine zu kurze Ruhezeit oder auf geschmacksarme Zutaten hin.

# CHERRY BRANDY

*Traditionsgemäß werden für diesen klassischen Fruchtlikör die weniger süßen Schattenmorellen verwendet, doch eignet sich auch jede andere dunkelfleischige und aromatische Kirschsorte. Die Früchte müssen ausgiebig ziehen, bevor der Likör in Flaschen abgefüllt wird – ein willkommenes Geschenk für die kalte Jahreszeit. Die abgetropften Kirschen sind, mit geschlagener Sahne angerichtet, ein Genuß besonderer Art.*

ZUTATEN

*450 g Kirschen*

*75 g Zucker*

*2 Tropfen Mandelessenz*

*600 ml Weinbrand*

***Ergibt 1 l Likör***

1 ◀ Die Kirschen entstielen und einzeln ringsum mit einer sterilisierten Nadel oder einem Holzspießchen einstechen.

2 ◀ Ein großes sterilisiertes Einweckglas bis 2,5 cm unterhalb des Randes lagenweise mit Kirschen und Zucker füllen, mit Mandelessenz beträufeln.

3 ▶ Die Kirschen 1,25 cm hoch mit Weinbrand bedecken. Das Glas fest verschließen und gründlich schütteln. Für mindestens 3 Monate an einen kühlen, dunklen Ort stellen, damit sich der volle Geschmack entwickeln kann, und das Glas gelegentlich schütteln.

4 ▶ Einen Trichter mit einem doppelt gelegten Mulltuch auskleiden und den Likör in eine sterilisierte Flasche abgießen. Die Flasche fest zukorken und beschriften.

**Burgunder-Brandy**
*Durch die Kirschen hat der Brandy eine tiefrote Farbe bekommen.*

# Fruchtsäfte und -sirups

Gemischt mit Soda, Wasser oder auch Limonade, sind alkoholfreie Fruchtsäfte und -sirups bewährte Durstlöscher im Sommer. Außerdem liefern sie häufig die Basis für einen alkoholischen Punsch oder Cocktail. Ein Sirup läßt sich aus nur einer Fruchtart herstellen oder aus einer beliebigen Kombination, solange dabei auch saure Sorten verwendet werden, die ein Gegengewicht zum Zucker bilden. Denn zuviel Süße nimmt einem Getränk den erfrischenden Charakter. Natürlich haben diese Getränke nicht nur im Sommer Saison, denn Durst ist an keine Jahreszeit gebunden. Da die Säfte und Sirups konzentriert sind, lassen sie sich gut strecken und tun damit auch der Haushaltskasse gut. Ideale Früchte sind saftige Beeren wie Erdbeeren, Himbeeren, Loganbeeren und Brombeeren. Auch Zitrusfrüchte sind gut geeignet, wobei die fein abgeriebenen Schalen und das Fruchtfleisch noch zur Intensivierung des Geschmacks beitragen. Exotische Früchte schließlich, wie etwa Kiwi, Passionsfrucht, Kumquat und Ananas, verleihen Säften und Sirups ein vollmundiges und zugleich feines Aroma.

## Fruchtsäfte und -sirups herstellen

♦ Früchte, die voll ausgereift oder sogar schon leicht überreif sind, besitzen den intensivsten Geschmack.

♦ Zum Süßen dient normaler Zucker. Da sich die benötigte Menge meist nach der des gewonnenen Saftes richtet, lagern Sie sicherheitshalber größere Zuckervorräte ein.

♦ Schadhafte oder angefaulte Stellen großzügig aus den Früchten herausschneiden, die Früchte nach Bedarf waschen, trockentupfen und schließlich entsaften. In den meisten Fällen werden die Früchte dafür schonend gegart, bis sie richtig weich sind. Achtung: Intensive Hitzeeinwirkung zerstört das Aroma. Das Fruchtmus durch ein doppelt gelegtes Mulltuch abtropfen lassen und die Rückstände vorsichtig ausdrücken, damit möglichst kein Saft verlorengeht.

♦ Den Saft mit dem Zucker unter Rühren langsam erhitzen, bis der Zucker aufgelöst ist, und dann etwa 5 Minuten kochen lassen.

♦ Die Mischung abkühlen lassen und bis 3 mm unter den Rand in sterilisierte Flaschen abfüllen (siehe Seite 11).

**VERSCHLIESSEN UND LAGERN**

Die Flaschen mit Schraubverschlüssen, Plastikpfropfen oder Korken (siehe Aromatisierte Essige, Seite 117) fest verschließen. Da die nachfolgenden Rezepte weder eine besondere Wärmebehandlung noch größere konservierende Zuckermengen vorsehen, sind die Säfte und Sirups zum sofortigen Verbrauch bestimmt. Im Kühlschrank halten sie sich 3–4 Wochen, alternativ lassen sie sich einfrieren. Eine praktische Methode für Eilige: Das Getränk in Eiswürfelbereiter füllen, dabei etwas Platz lassen, da sich die Flüssigkeit beim Gefrieren noch ausdehnt. Die Würfel in Plastikbeutel füllen und in die Gefriertruhe geben. Ein Würfel ergibt ein Getränk von 1/4 l.

**PANNEN UND IHRE URSACHEN**

Winzige Fruchtpartikel im Saft oder Sirup können sich unten in der Flasche absetzen. Um diesen Bodensatz nicht aufzuwirbeln und so das Getränk zu trüben, langsam und vorsichtig ausgießen.

# ANANAS-LIMETTEN-SIRUP

*Mit seinem tropischen Flair bildet dieser Sirup eine herrliche Grundlage für einen Punsch oder Daiquiri. Sehr zu empfehlen auch, mit etwas Mineralwasser verdünnt, als belebender Soft Drink. Eiswürfel und spiralförmig abgeschälte Zitronenschale verstärken den Erfrischungseffekt.*

## ZUTATEN

*2 Ananas (insgesamt etwa 2 kg)*

*300 ml Wasser*

*etwa 175 g Zucker*

*Saft von 3 Limetten*

***Ergibt etwa 600 ml***

1 ▶ Von den Ananas die Blattschöpfe abtrennen, die Schale so dick in Streifen abschneiden, daß auch die »Augen« entfernt werden. In Scheiben schneiden, die holzige Mitte ausstechen, das Fruchtfleisch fein hacken.

2 ▼ Mit dem Wasser in einen Topf geben, einmal aufwallen lassen und dann bei niedriger Temperatur 20 Minuten zu Mus verkochen. Das Mus mit einem Kartoffelstampfer zerdrücken.

3 ▼ Ein Kunststoffsieb mit einem doppelt gelegten Mulltuch auskleiden und das Fruchtmus über einer Schüssel abtropfen lassen. Das Mus im Tuch vorsichtig ausdrücken, um den gesamten Saft zu gewinnen, und die Rückstände wegwerfen. Pro 300 ml Saft 100 g Zucker abwiegen.

**Das Tüpfelchen auf dem i**
*Der Limettensaft verleiht dem Ananassirup eine besonders erfrischende Note.*

4 ▶ Den Saft zurück in den Topf geben, den Zucker zufügen und bei niedriger Temperatur rühren, bis er vollständig aufgelöst ist. Den Limettensaft einrühren.

5 Die Mischung aufkochen, 5 Minuten leise köcheln und 5 Minuten abkühlen lassen und bis 3 mm unter den Rand in sterilisierte Flaschen füllen. Verschließen, beschriften und im Kühlschrank aufbewahren.

## Erdbeersirup

### Zutaten

*1,4 kg Erdbeeren*

*Zucker*

*Saft von 2 Zitronen*

**1** Die Erdbeeren entstielen und im Mixer pürieren. Ein Plastiksieb mit einem doppelt gelegten Mulltuch auskleiden und das Püree über einer nicht-metallischen Schüssel abtropfen lassen. Das Mus im Tuch behutsam ausdrücken, um möglichst allen Saft zu gewinnen.

**2** Pro 600 ml Saft 350 g Zucker abwiegen, beides in einen Topf geben und bei niedriger Temperatur rühren, bis sich der Zucker aufgelöst hat. Den Zitronensaft einrühren, 5 Minuten abkühlen lassen.

**3** Bis 3 mm unter den Rand in sterilisierte Flaschen einfüllen, diese verschließen, beschriften und im Kühlschrank aufbewahren.

**Ergibt etwa 1 l**

**Variationen**

Auch andere stark säurehaltige Früchte wie Himbeeren können für diesen Sirup verwendet werden. Bei schwarzen Johannisbeeren 900 ml Wasser in den erkaltenden Sirup einrühren.

## Loganbeerensaft mit Zitronenmelisse

### Zutaten

*1,8 kg Loganbeeren*

*4 Stengel Zitronenmelisse*

*600 ml Wasser*

*Zucker*

*Saft von 2 Zitronen*

**1** Die Beeren mit der Zitronenmelisse und dem Wasser in einem großen Topf einmal aufkochen lassen und bei niedriger Temperatur in 8–10 Minuten weich garen. Mit einem Kartoffelstampfer zerdrücken.

**2** Ein Plastiksieb mit einem doppelt gelegten Mulltuch auskleiden, das Fruchtpüree über einer nicht-metallischen Schüssel abtropfen lassen, die Stoffecken zusammendrehen und das Püree leicht ausdrücken, um möglichst allen Saft zu erhalten.

**3** Den Saft abmessen, pro 600 ml 225 g Zucker abwiegen, beides in den Topf geben und bei niedriger Temperatur rühren, bis sich der Zucker ganz aufgelöst hat. Den Zitronensaft einrühren, die Mischung einmal aufwallen und 5 Minuten köcheln lassen, danach 5 Minuten abkühlen lassen.

**4** In sterilisierte Flaschen bis 3 mm unter den Rand einfüllen, verschließen, beschriften und in den Kühlschrank stellen.

**Ergibt etwa 1 l**

## Kumquatsaft

### Zutaten

*450 g Kumquats*

*300 ml Wasser*

*Saft von 10 Orangen (etwa 3/4 l)*

*Zucker*

**1** Die Kumquats in Scheiben schneiden, mit dem Wasser in einem Topf zum Kochen bringen und 30 Minuten leise köchelnd garen, bis sie richtig weich sind.

**2** Ein Kunststoffsieb mit einem doppelt gelegten Mulltuch auskleiden, die Fruchtmasse über einer nicht-metallischen Schüssel abtropfen lassen, das Tuch an den Ecken zusammenraffen und den Inhalt vorsichtig ausdrücken, um möglichst den gesamten Saft zu gewinnen.

**3** Den Kumquatsaft mit dem Orangensaft mischen, die Gesamtmenge messen und pro 600 ml Flüssigkeit 225 g Zucker abwiegen. Den Saft zurück in den Topf geben, den Zucker zufügen und bei niedriger Temperatur rühren, bis er sich aufgelöst hat. Das Ganze 5 Minuten abkühlen lassen.

**4** Sterilisierte Flaschen bis 3 mm unter den Rand mit dem Saft füllen, verschließen, beschriften und im Kühlschrank aufbewahren.

**Ergibt etwa 1 l**

## ZITRUSSAFT

### ZUTATEN

*Saft von 8 Orangen (etwa 3/4 l)*

*Saft von 6 Zitronen (etwa 350 ml)*

*fein abgeriebene Schale von je 2 unbehandelten Orangen und Zitronen*

*1 kg Zucker*

*Mischen Sie diesen St.-Klemens-Saft, wie er auch genannt wird, mit eiskaltem stillem oder sprudelndem Mineralwasser im Verhältnis 1:1.*

**1** Den Saft mit den Zitrusschalen in einen Topf geben. Den Zucker hinzufügen und bei niedriger Temperatur rühren, bis sich der Zucker vollständig aufgelöst hat. Die Mischung bei erhöhter Temperatur bis unmittelbar unter den Siedepunkt erhitzen, sogleich vom Herd nehmen und völlig abkühlen lassen.

**2** Ein Plastiksieb mit einem doppelt gelegten Mulltuch auskleiden, die Mischung über einer nicht-metallischen Schüssel abtropfen lassen, die Rückstände vorsichtig ausdrücken, um den gesamten Saft zu gewinnen. In sterilisierte Flaschen bis 3 mm unter den Rand einfüllen, verschließen, beschriften und in den Kühlschrank stellen.

**Ergibt etwa 1,4 l**

## BROMBEER-APFEL-SAFT

### ZUTATEN

*1,8 kg Brombeeren*

*600 ml Apfelsaft*

*Zucker*

*Saft von 2 Zitronen*

**1** Die Brombeeren mit dem Apfelsaft in einem großen Topf zum Kochen bringen, auf kleinster Stufe in 20 Minuten weich garen und mit einem Kartoffelstampfer zerdrücken. Ein Plastiksieb mit einem doppelten Mulltuch auslegen und das Fruchtpüree über einer nicht-metallischen Schüssel abtropfen lassen. Die Rückstände vorsichtig ausdrücken, um möglichst den gesamten Saft zu gewinnen.

**2** Den Saft abmessen. Pro 600 ml 225 g Zucker abwiegen, mit dem Saft in den Topf geben und bei niedriger Temperatur rühren, bis er sich vollständig aufgelöst hat. Den Zitronensaft einrühren, einmal aufkochen, 5 Minuten leise köcheln und 5 Minuten abkühlen lassen.

**3** Den Saft bis 3 mm unter den Rand in sterilisierte Flaschen füllen, verschließen, beschriften und im Kühlschrank aufbewahren.

**Ergibt etwa 1 l**

## KIWI-PASSIONSFRUCHT-SIRUP

### ZUTATEN

*1 kg Kiwis*

*8 Passionsfrüchte*

*Zucker*

**Gewußt wie**
*Bei Passionsfrüchten löst man das gelbe Fruchtfleisch und die knackigen Kerne mit einem kleinen Löffel aus der Schale.*

**1** Die Kiwis schälen und grob hacken. Die Passionsfrüchte halbieren, das Fruchtfleisch samt Kernen mit einem Löffel herauslösen und die Schalen wegwerfen. Das gesamte Fruchtfleisch im Mixer pürieren.

**2** Ein Kunststoffsieb mit einem doppelt gelegten Mulltuch auskleiden, das Püree über einer nicht-metallischen Schüssel abtropfen lassen, die Stoffecken zusammendrehen und das Püree leicht ausdrücken, um möglichst viel von dem noch enthaltenen Saft zu gewinnen.

**3** Den Saft abmessen, pro 150 ml 225 g Zucker abwiegen, mit dem Saft in einen Topf geben und bei niedriger Temperatur rühren, bis er sich ganz aufgelöst hat. Die Mischung aufwallen, 5 Minuten köcheln und dann 5 Minuten abkühlen lassen.

**4** In sterilisierte Flaschen bis 3 mm unter den Rand einfüllen, verschließen, beschriften und im Kühlschrank aufbewahren.

**Ergibt etwa 600 ml**

# Pickles, Chutneys, Relishes und Senfmischungen

# Pickles aus Gemüse und Früchten

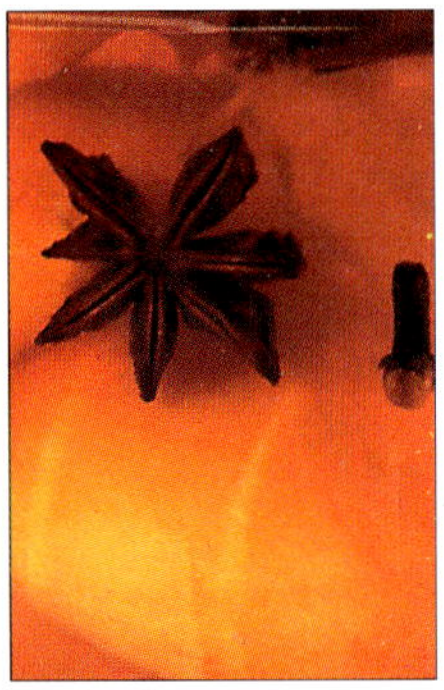

Würzig Eingelegtes ist die perfekte Antwort auf das verschwenderische Angebot der Natur. Pickles aus Gemüse und Früchten bilden mit ihrer pikant-würzigen Note eine willkommene Bereicherung der Geschmackspalette. Rote Bete, grüne Bohnen und wie Mondsteine geformte Knoblauchzehen sind attraktive Beispiele. Für Frucht-Pickles eignen sich fest- wie auch weichfleischige Obstsorten, zum Beispiel Äpfel, Pfirsiche, Birnen und Melonen. Die vielleicht populärsten Gemüse-Pickles sind eingelegte Perlzwiebeln und natürlich Dillgurken. Schon ungewöhnlicher ist eingelegter Knoblauch, der durch den Essig »entschärft« und gern als Appetithappen zu einem Drink gereicht wird. Pickles spielen seit jeher in vielen Küchen, vor allem in Nah- und Fernost, eine wichtige Rolle. In Japan dürfen sie bei keiner Mahlzeit fehlen. Besonders beliebt ist dort eingelegter Ingwer – shoga –, der schnell zubereitet ist und als Garnitur serviert wird. Fruchtige Pickles von Orangen, Datteln und Kirschen lassen Genießerherzen höher schlagen, und würzig eingelegte Cranberries bestechen durch ihren säuerlichen Geschmack und die attraktive rosarote Farbe. Pickles von grünen Tomaten oder roten Paprikaschoten, mit würzigen Samen eingelegte Zucchini oder Möhren, gezuckert und mit Thymian und Koriander aromatisiert – dies ist nur eine kleine Auswahl der zahllosen Kombinationsmöglichkeiten von Gemüse, Früchten und Würzzutaten.

## Pickles aus Gemüse und Früchten herstellen

♦ Die entscheidende Zutat bei der Herstellung von Pickles ist der Essig. Er konserviert das Einmachgut, indem er die Entwicklung von Mikroorganismen unterbindet. Es sollte nur Essig von bester Qualität verwendet werden. Bei den meisten Essigsorten liegt der Essigsäuregehalt bei 5–7%. In keinem Fall sollte er für Pickles 5% unterschreiten. Besonders preiswert und zur Herstellung von Pickles grundsätzlich geeignet ist Malzessig, der sich durch einen kräftigen Geschmack auszeichnet. Apfel- und Weinessig sind zu empfehlen, wenn ein feineres Aroma oder ein hellerer Aufguß erwünscht ist. Gewürzter Einlege-Essig (Rezept Seite 120) verleiht eingelegtem Gemüse ein gutes Aroma. Raffinierte Geschmacksnoten erhält man durch Verwendung von Essig, der zuvor mit Kräutern oder Früchten aromatisiert wurde (siehe Seite 117). Natürlich müssen Aroma und Farbe des Essigs zu denen von Gemüse und Früchten, die eingelegt werden sollen, passen.

♦ Salz ist ein Konservierungsmittel, das bei Pickles vor dem Einlegen zum Einsatz kommt. Es ist Meersalz, denn Tafelsalz enthält der Rieselfähigkeit wegen chemische Zusätze.

♦ Bei manchen Rezepten wird der Essigaufguß auch gesüßt. Üblicherweise wird hierfür normaler Zucker verwendet, wobei zu bestimmten Gewürzen brauner Zucker ausgezeichnet paßt.

♦ Gewürze werden stets im ganzen verwendet, da sie sich so später leichter entfernen lassen. Außerdem würde durch gemahlene Gewürze die Konservierungsflüssigkeit getrübt.

♦ Beinahe alle Gemüse und Früchte lassen sich sauer einlegen. Wichtig ist, daß sie jung, frisch, zart und festfleischig sind. Im ganzen eingelegte Gemüse und Früchte sollten kleiner und von annähernd gleicher Größe sein, damit sie sich gut einfüllen lassen. Zu den Favoriten zählen Rote Bete, Zwiebeln, Rot- und Weißkohl, Blumenkohl und Gurken, ob solo oder in beliebigen Kombinationen. Ganz ausgezeichnet schmecken auch sauer eingelegte Pilze, Artischocken und Paprikaschoten. Früchte sollten möglichst frisch und nicht überreif sein. Melonen, Pfirsiche, Birnen und Pflaumen werden gewöhnlich süß-sauer eingelegt, während zu Zitronen auch eine Salzlake gut paßt.

♦ Vorbereitung der Gemüse und Früchte: Mit einem Messer aus Edelstahl das Einmachgut je nach Erfordernis schälen oder putzen, schadhafte oder faulige Stellen großzügig herausschneiden. Falls das Einmachgut gegart werden muß, Gemüse dämpfen beziehungsweise Früchte in leichtem Sirup kochen.

♦ Manche rohe Gemüsesorten müssen vor dem Einlegen durch Einsalzen entwässert werden. Nur so kann später der Essig eindringen und seine konservierende Wirkung entfalten (bei gegartem Gemüse und Früchten erübrigt sich diese Maßnahme, da ihnen während des Garvorgangs überschüssige Flüssigkeit entzogen wurde). Beim sogenannten Trockensalzen oder Trockenpökeln wird das Gemüse in eine nicht-metallische Schüssel geschichtet und jede Lage mit Salz bestreut. Über Nacht ziehen lassen und gelegentlich durchmischen. Eine zweite Methode besteht darin, das Gemüse mit einer Salzlake zu übergießen. Auch in diesem Fall über Nacht stehen lassen und hin und wieder durchmischen. Anschließend das Gemüse abtropfen lassen, waschen und erneut abtropfen lassen, bis das gesamte Salz entfernt ist, zuletzt mit Küchenpapier gründlich trockentupfen. Beim Einsalzen keine metallischen Küchengeräte verwenden.

♦ Nun das Gemüse oder die Früchte in sterilisierte und sorgfältig getrocknete Gläser (siehe Seite 11) füllen. Sie dürfen nicht zu dicht eingefüllt werden, da sie von allen Seiten vom Essig umspült sein müssen. Sehr dekorativ kann es aussehen, wenn ein Glas lagenweise mit mehreren Gemüsesorten gefüllt wird. Bei gegartem Gemüse kann man mit dem Einfüllen des Essigs etwa 1 Stunde warten, so daß das Gemüse ein letztes Mal abtropfen kann. Die unten im Glas zusammengelaufene Restflüssigkeit abgießen.

♦ Das Gemüse mit Essig übergießen und dabei wiederholt gegen das Glas klopfen, um Luftblasen zu entfernen. Früchte mit heißem Sirup, Essig oder einer Mischung übergießen und bis gut 1 cm unter den Rand einfüllen, so daß das Einmachgut großzügig bedeckt ist und es auch dann bleibt, wenn während der Lagerung etwas Flüssigkeit verdunstet.

♦ Manche Obst- oder Gemüsesorten neigen dazu, im Glas nach oben zu steigen. Dies läßt sich verhindern, indem man ein Stück zerknülltes Pergamentpapier auf das Einmachgut legt. Es wird nach einigen Wochen entfernt, wenn das Gemüse oder Obst von selbst unten bleibt.

## VERSCHLIESSEN UND LAGERN

Die Gläser mit festsitzenden, nicht rostenden Schraubdeckeln verschließen und an einem kühlen, trockenen und dunklen Ort lagern, zum Beispiel in einem gut belüfteten Schrank. Gemüse-Pickles können gewöhnlich schon nach 2 – 3 Wochen verzehrt werden, während eingelegte Früchte erst nach etwa 2 Monaten ihr volles Aroma entwickelt haben. Frucht- und Gemüse-Pickles in reinem Essig halten sich länger als solche, die in einer Kombination aus Wasser oder Öl und Essig eingelegt sind. Falls der Aufguß im Verlauf der Lagerung verdunstet, das Glas wieder mit Essig auffüllen, damit das Einmachgut stets mit Flüssigkeit bedeckt ist.

## PANNEN UND IHRE URSACHEN

An eingelegten Zwiebeln zeigen sich mitunter gelbe Flecke. Auslöser ist eine harmlose Substanz, der Verzehr der Zwiebeln ist daher völlig unbedenklich. Manche Gemüsesorten, zum Beispiel Zucchini, entwickeln einen bitteren Geschmack, wenn sie nicht zunächst durch Trockenpökeln oder Einlegen in Salzlake entwässert werden. Auch kann eine eingeschränkte Haltbarkeit von Pickles darauf zurückzuführen sein, daß das Gemüse nicht lange genug entwässert wurde und die austretende Flüssigkeit den Essig verdünnt hat. Eventuell aber wurde auch ein zu schwacher Essig verwendet – um seine konservierende Wirkung zu entfalten, muß er einen Säuregehalt von mindestens 5 % aufweisen. Zu kurzes Einsalzen kann auch dazu führen, daß sich die Konservierungsflüssigkeit trübt. Werden Pickles weich, wurden sie möglicherweise zu lange gelagert. Luftblasen verbleiben im Glas, wenn das Einmachgut zu dicht eingefüllt wurde und dadurch nicht ringsum vom Essig umspült wird. Sie lassen sich ganz einfach entfernen, indem man nach dem Einfüllen mehrmals gegen das Glas klopft oder bereits beim Einfüllen das Glas schräg hält. Schimmel entsteht, wenn das Einmachgut nicht völlig mit Flüssigkeit bedeckt ist. Bei undichten Verschlüssen verdunstet der Essig, wodurch Gemüse oder Früchte schrumpfen und austrocknen. Schraubdeckel schließlich, die nicht kunststoffbeschichtet sind, können rosten, was zum Verderb der Pickles führt.

**Schon gewußt?** Pickles sind keineswegs eine neuzeitliche Erfindung. Tatsächlich praktizierten schon die alten Griechen und Römer diese Konservierungstechnik. Aufgrund der immensen Ausdehnung ihres Reiches stand den Römern eine breite Vielfalt an Gemüse und Früchten zur Verfügung. Aus ganz Europa wurden Zwiebeln, Zitronen, Pflaumen und Pfirsiche, aber auch Kräuter, Wurzeln und Blüten herangeschafft und in große Gefäße gefüllt. Als Konservierungsflüssigkeit diente eine Mischung aus Essig, Öl und Salzlake, und mitunter wurde zum Süßen Honig verwendet.

# Küchengeräte

*Im großen und ganzen werden zur Herstellung von Pickles, Chutneys, Relishes und Senfmischungen ähnliche, ganz alltägliche Geräte benötigt, wie zum Beispiel zum Marmeladekochen.*

Große, nicht-metallische Schüsseln werden zum Einlegen in Lake und zum Trockenpökeln benötigt, einem in vielen Rezepten für Pickles verlangten Vorbereitungsschritt, mit dem dem Gemüse überschüssige Feuchtigkeit entzogen wird. Mit normalen Porzellan- oder Glastellern lassen sich Gemüse oder Früchte in der Lake nach unten drücken. Küchenpapier ist erforderlich, um die Zutaten nach dem Abspülen und Abtropfen in einem Durchschlag trockenzutupfen. Metallene Schüsseln, Teller und Siebe sind, insbesondere im Kontakt mit Essig, zu vermeiden, da dieser mit dem Metall reagiert, was einen unangenehmen Geschmack verursacht. Edelstahltöpfe sind ideal zum Erhitzen von Essig und Essigsirup. Chutneys und Relishes werden am besten in einem qualitativ hochwertigen Einkochtopf aus Edelstahl zubereitet, der makellos sauber und frei von Unebenheiten sein sollte. Kochgeschirr aus Messing und Kupfer ist ungeeignet, da diese Metalle mit dem Essig reagieren. Werden ganze Gewürze hinzugegeben, später aber wieder entfernt, schlägt man sie in ein doppelt gelegtes Mulltuch ein, das zu einem Säckchen verschnürt und mit einer langen Schnur am Griff des Topfes angebunden wird, so daß es sich später leicht herausnehmen läßt. Pergamentpapier kommt häufig zum Einsatz, um die Zutaten unter die Essigoberfläche zu drücken; nach 1–2 Wochen wird es wieder entfernt. Zwar wirken die bei der Herstellung von Pickles, Chutneys, Relishes und Senfmischungen verwendeten Zutaten wie Zucker und Salz in gewissem Maße konservierend, dennoch müssen auch die Gefäße und Deckel sorgfältig sterilisiert werden. Gläser dürfen keine Sprünge aufweisen und lassen sich mit kunststoffbeschichteten Schraubdeckeln luftdicht verschließen.

Doppelt gelegtes Mulltuch

Durchschlag

Einkochtopf aus Edelstahl mit glattem Boden

## ZWIEBEL-PICKLES

ZUTATEN

*1-1,2 kg Perlzwiebeln (je nach Größe)*

*100 g Meersalz*

*1,2 l Wasser*

*3/4 l gewürzter Einlege-Essig (Rezept Seite 120), gefiltert*

**Nützlicher Tip** Falls das Einmachgut bei der Herstellung von Pickles an die Oberfläche steigt, schafft zerknülltes Pergamentpapier Abhilfe. Oben ins Glas gegeben, hält es Gemüse und Früchte in der Flüssigkeit. Das Papier nach 1 Woche entfernen.

*Anstelle von Perlzwiebeln eignen sich für dieses Rezept auch Schalotten.*

**1** Die Zwiebeln schälen, den Wurzelansatz jedoch nicht ganz entfernen, damit sie nicht auseinanderfallen; in eine große, nicht-metallische Schüssel geben.

**2** Das Salz im Wasser auflösen, die Zwiebeln mit der Lake übergießen und zugedeckt 24 Stunden ruhen lassen, dabei gelegentlich umrühren.

**3** Die Zwiebeln in einem Plastikdurchschlag unter kaltem fließendem Wasser abspülen, ablaufen und auf Küchenpapier abtropfen lassen.

**4** Die Zwiebeln bis 2,5 cm unter den Rand in sterilisierte Gläser füllen und bis 1,25 cm über die Zwiebeln den Essig aufgießen. Mehrmals gegen die Gläser klopfen, um Luftblasen zu entfernen.

**5** Die Gläser verschließen, beschriften und zur vollen Aromaentwicklung für 3 Wochen an einen kühlen, dunklen Ort stellen.

**Ergibt 3 Gläser von etwa 300 ml**

## EINGELEGTER MEERRETTICH

ZUTATEN

*175 g frischer Meerrettich*

*350 ml gewürzter Einlege-Essig (Rezept Seite 120), gefiltert*

*75 g Zucker*

*1 TL Meersalz*

**1** Den Meerrettich schälen und fein reiben – es werden etwa 100 g benötigt.

**2** Essig, Zucker und Salz in einem Topf zum Kochen bringen und bei niedriger Temperatur mit einem Holzlöffel rühren, bis sich der Zucker ganz aufgelöst hat. Den Meerrettich hinzufügen und 1 Minute leise köcheln lassen.

**3** Die Mischung in vorgewärmte sterilisierte Gläser bis 3 mm unter den Rand einfüllen.

**4** Die Gläser verschließen, beschriften und bis zum Gebrauch 1 Woche an einen kühlen, dunklen Platz stellen.

**Ergibt 2 Gläser von etwa 175 ml**

## MAROKKANISCHE PAPRIKA-PICKLES

ZUTATEN

*1 kg rote und grüne Paprikaschoten*

*50 g Meersalz*

*2 kleine Knoblauchknollen*

*300 ml Olivenöl*

*300 ml Weißweinessig*

**1** Den Stielansatz der Paprikaschoten kreisförmig ausschneiden und entfernen. Die Schoten vierteln, die Samen und Scheidewände entfernen, die Stücke innen großzügig salzen.

**2** Die Knoblauchzehen schälen. Das Öl mit dem Essig verrühren. Die Paprikastücke mit dem Knoblauch lagenweise in ein sterilisiertes Glas bis 2,5 cm unter den Rand einschichten.

**3** Das Ganze 1,25 cm hoch mit der Öl-Essig-Mischung übergießen.

**4** Das Glas sanft auf die Arbeitsfläche klopfen, um Luftblasen zu entfernen, verschließen und beschriften. Im Kühlschrank aufbewahren und innerhalb von 1–2 Wochen verbrauchen.

**Ergibt 1 Glas von 1,2 l**

# MIXED PICKLES

*Gemischtes Gemüse, lagenweise in ein hohes Glas gefüllt und mit gewürztem Essig übergossen, läßt einem das Wasser im Munde zusammenlaufen. Die knackigen Pickles schmecken als bunter Wintersalat oder auch mit einem sahnigen Dip.*

ZUTATEN

*450 g grüne Bohnen*

*450 g Perlzwiebeln*

*1 kleiner Blumenkohl (etwa 350 g)*

*350 g Zucchini*

*225 g Möhren, geschält*

*100 g Meersalz*

*450 ml gewürzter Einlege-Essig (Rezept Seite 120), gefiltert*

***Ergibt je 1 Glas von 1,2 l und 600 ml***

1 ▲ Von den Bohnen die Enden abschneiden, die Bohnen in 2,5 cm lange Stücke schneiden. Die Perlzwiebeln putzen und schälen, jedoch nicht den gesamten Wurzelansatz entfernen, damit sie nicht auseinanderfallen. Den Blumenkohl in Röschen und diese in 1,25 cm lange Stücke teilen. Die Zucchini und Möhren – die Enden entfernt – in 3 mm dicke Scheiben schneiden.

*Mixed Pickles müssen unbedingt großzügig mit Essig bedeckt sein.*

2 ▶ Das Gemüse mit dem Salz lagenweise in eine große, nicht-metallische Schüssel geben und, mit einem flachen Teller leicht beschwert, 24–48 Stunden entwässern.

3 In einem Plastikdurchschlag unter fließendem kaltem Wasser abspülen, bis das gesamte Salz entfernt ist, gründlich ablaufen lassen und zum Abtropfen auf Küchenpapier geben.

4 ▶ Das Gemüse lagenweise in ansprechender Farbfolge bis 2,5 cm unter den Rand in sterilisierte Gläser füllen.

5 ▲ Das Ganze 1,25 cm hoch mit gewürztem Einlege-Essig bedecken und leicht gegen die Gläser klopfen, um Luftblasen zu entfernen. Die Gläser verschließen, beschriften und 6 Wochen an einem kühlen, dunklen Platz ruhen lassen, damit sich der volle Geschmack entwickelt.

## PICKLES VON BABYGEMÜSE

### ZUTATEN

*1,2 kg gemischtes Babygemüse*

*100 g Meersalz*

*800 ml gewürzter Einlege-Essig (Rezept Seite 120), gefiltert*

*Wählen Sie solche Gemüsesorten, die auch, wenn sie eingelegt sind, knackig bleiben, wie zum Beispiel junge Möhren oder Karotten, Maiskölbchen, Baby-Zucchini und Zuckerschoten.*

**1** Das Gemüse putzen und, sofern erforderlich, schälen. Mit dem Salz lagenweise in eine große, nicht-metallische Schüssel füllen, mit einem Teller leicht beschweren und über Nacht entwässern.

**2** In einem Kunststoffdurchschlag unter kaltem fließendem Wasser abbrausen, gründlich ablaufen und auf Küchenpapier abtropfen lassen.

**3** Das Gemüse bis 2,5 cm unter den Rand in sterilisierte Gläser füllen und 1,25 cm hoch mit dem Essig bedecken. Um Luftblasen zu entfernen, behutsam gegen die Gläser klopfen.

**4** Die Gläser verschließen, beschriften und 4 Wochen an einem kühlen, dunklen Ort ruhen lassen.

**Ergibt 2 Gläser von etwa 900 ml**

**Topinambur-Pickles** Die Topinamburs putzen und nicht entwässern, sondern in 600 ml Salzwasser gar kochen. Abtropfen und abkühlen lassen, weiterverfahren, wie ab Schritt 3 beschrieben.

## DILLGURKEN MIT KNOBLAUCH

### ZUTATEN

*3 große Knoblauchzehen*

*10–12 Einlegegurken*

*1 Bund frischer Dill (etwa 10 g)*

*600 ml Wasser*

*900 ml Weißweinessig*

*75 g Meersalz*

*2 TL Einlegegewürz (siehe Seite 126)*

*1 TL Dillsamen*

*1 TL schwarze Pfefferkörner*

*In diesem Rezept sind die Gurken in einem milden, mit Wasser verdünnten Essigsud eingelegt. Auch andere geschmackgebende Zutaten wie Zwiebeln, Fenchel oder Gewürznelken können verwendet werden.*

**1** Die Knoblauchzehen schälen und mit den Gurken und Dillstengeln in ein sterilisiertes Glas füllen.

**2** Wasser, Essig, Salz und alle Gewürze in einen Topf geben. Alles rasch erhitzen, 3 Minuten sprudelnd kochen und abkühlen lassen.

**3** Den Glasinhalt 1,25 cm hoch mit dem erkalteten Sud bedecken. Falls Flüssigkeit übrigbleibt, die noch enthaltenen Gewürze in das Glas geben und den restlichen Sud weggießen.

**4** Das Glas verschließen, beschriften und 3 Wochen in den Kühlschrank stellen, so daß sich der volle Geschmack entfalten kann.

**5** Nach ein, zwei Tagen nachsehen, ob die Gurken noch richtig mit Flüssigkeit bedeckt sind. Falls sie herausragen, werden sie nach unten gedrückt und mit einem Stück zerknülltem Pergamentpapier unten gehalten. Das Papier nach 2 Wochen entfernen.

**Ergibt 1 Glas von 2 l**

**Variation** Die Gurken in dünne Scheiben schneiden und mit Scheiben von 2 Zwiebeln, 2 geschälten Knoblauchzehen und dem Dill in sterilisierte Gläser schichten. Weiterverfahren wie bei ganzen Gurken.

# Blumenkohl-Paprika-Pickles

## Zutaten

*2 Köpfe Blumenkohl*

*1 rote Paprikaschote*

*150 g Meersalz*

*900 ml Wasser*

*1 Zimtstange, in 3 Teile gebrochen*

*1/2 Muskatblüte (Macis), in 3 Stückchen geteilt*

*900 ml gewürzter Einlege-Essig (Rezept Seite 120), gefiltert*

1 Den Blumenkohl in Röschen teilen, die Strünke wegwerfen, und die Röschen in eine große, nicht-metallische Schüssel geben. Stielansatz, Samen und Scheidewände von der Paprikaschote entfernen, das Fruchtfleisch würfeln und zum Blumenkohl geben.

2 Das Salz im Wasser auflösen, das Gemüse mit der Lake übergießen, mit einem Teller beschweren, so daß es in die Flüssigkeit eingetaucht bleibt, und 24 Stunden ruhen lassen.

3 Das Gemüse in einen Plastikdurchschlag schütten und unter fließendem kaltem Wasser abspülen, ausgiebig ablaufen und auf Küchenpapier abtropfen lassen.

4 In drei sterilisierte Gläser verteilen – oben müssen 2,5 cm frei bleiben – und in jedes Glas je 1 Stück Stangenzimt und Macis geben. Das Gemüse 1,25 cm hoch mit dem Essig bedecken.

5 Die Gläser verschließen, beschriften und 4 Wochen an einem kühlen, dunklen Ort ruhen lassen, damit sich die Aromen richtig vermischen können.

**Ergibt 3 Gläser von etwa 300 ml**

# Zucchini-Pickles

## Zutaten

*1,4 kg Zucchini*

*450 g Zwiebeln*

*225 g Meersalz*

*2 1/2 l Wasser*

*450 ml heller Malzessig*

*225 g Zucker*

*2 TL Senfkörner*

*1 TL Selleriesamen*

*1 TL Pimentkörner*

1 Zucchini und Zwiebeln schälen, in dünne Scheiben schneiden und in eine große, nicht-metallische Schüssel geben.

2 Das Salz im Wasser auflösen, das Gemüse mit der Lake übergießen und 3 Stunden ziehen lassen, dabei gelegentlich durchmischen.

3 Die restlichen Zutaten in einem Topf vermischen und bei niedriger Temperatur mit einem Holzlöffel rühren, bis sich der Zucker vollständig aufgelöst hat.

4 Die Zucchini und Zwiebeln in einem Kunststoffsieb unter fließendem kaltem Wasser abspülen, gründlich ablaufen lassen und zum Abtropfen auf Küchenpapier geben. Das Gemüse in einen Einkochtopf geben, mit dem heißen Essig übergießen und zunächst 1 Stunde ziehen lassen.

5 Das Ganze bei mittlerer Temperatur aufwallen, 3 Minuten sprudelnd kochen lassen und dann vom Herd nehmen.

6 Das Gemüse bis 2,5 cm unter den Rand in sterilisierte, vorgewärmte Gläser füllen, 1,25 cm hoch mit dem Essig bedecken, die Gläser verschließen und beschriften. An einem kühlen, dunklen Ort 2 Wochen ruhen lassen, so daß sich das volle Aroma entfalten kann.

**Ergibt 2 Gläser von etwa 3/4 l**

# Rote-Bete-Pickles

**Zutaten**

*1 kg frische Rote Bete*

*1 TL Meersalz*

*1 TL frisch geriebener Meerrettich (nach Belieben)*

*1,2 l Weißweinessig*

*Bei diesem Rezept wird die Rote Bete gewürfelt. Falls Sie Scheiben vorziehen, nach dem Rezept verfahren und die Rote Bete nach dem Erkalten schälen, aber in Scheiben schneiden, diese in sterilisierte Gläser füllen und mit kaltem Essig übergießen.*

**1** Die Roten Beten waschen, ohne die Haut zu verletzen.

**2** In einem großen Topf mit Wasser bedecken, salzen und zugedeckt 1 1/2–2 Stunden leise kochen lassen, bis die Rüben gar sind. Auf keinen Fall zum Überprüfen des Garzustands einstechen, da die Rüben sonst ausbluten. Abkühlen lassen.

**3** Die Rüben schälen und würfeln und mit dem Meerrettich, falls verwendet, bis 2,5 cm unter den Rand in sterilisierte Gläser füllen.

**4** Den Essig in einem Topf erhitzen und die Roten Beten 1,25 cm hoch damit bedecken. Leicht gegen die Gläser klopfen, um Luftblasen zu entfernen.

**5** Die Gläser verschließen, beschriften und vor dem Verzehr noch 3 Wochen an einen kühlen, dunklen Platz stellen, damit sich das volle Aroma entfalten kann.

**Ergibt 3 Gläser von etwa 300 ml**

# Champignon-Pickles mit Ingwer

**Zutaten**

*675 g Champignons*

*7,5 cm frische Ingwerwurzel*

*1 Zitrone*

*1 Zwiebel*

*1 l Weißweinessig*

*1 EL Meersalz*

*1 TL schwarze Pfefferkörner*

*Verglichen mit anderen Gemüsesorten haben eingelegte Champignons eine sehr begrenzte Haltbarkeit. Daher kleine Mengen zubereiten, im Kühlschrank aufbewahren und schnell verbrauchen.*

**1** Die Champignons mit einem feuchten Tuch abreiben – nicht waschen oder abziehen –, die Stiele bis zum Hutansatz einkürzen und die Pilze in einen Topf geben.

**2** Den Ingwer mit einem kleinen, scharfen Messer schälen und vierteln. Mit einem Gemüseschäler die Zitronenschale fein abschälen und in schmale Streifen schneiden. Ingwer und Zitronenschale zu den Pilzen geben.

**3** Die Zwiebel schälen, in feine Scheiben schneiden und mit den restlichen Zutaten ebenfalls in den Topf geben. Zum Kochen bringen und 15–20 Minuten leise köcheln lassen, bis die Pilze weich sind.

**4** Die Pilze mit einem Schaumlöffel aus dem Sud nehmen und in sterilisierte Gläser füllen. Den Sud filtern, zurück in den Topf geben, aufkochen lassen und 1,25 cm hoch über die Pilze gießen.

**5** Die Gläser verschließen, beschriften, in den Kühlschrank stellen.

**Ergibt 3 Gläser von etwa 300 ml**

**Nützlicher Tip** Verwenden Sie für dieses Rezept Champignons mit geschlossenen oder kleinen Hüten, makellos weißem Fleisch und blaßrosa Lamellen.

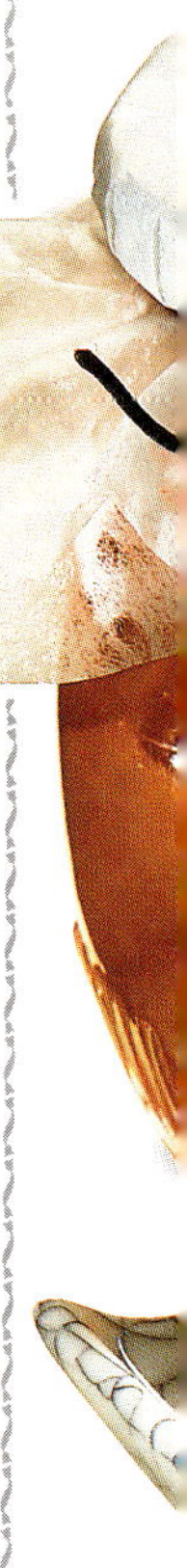

# SÜSS-SAUER EINGELEGTE GRÜNE BOHNEN

ZUTATEN

*675 g grüne Bohnen*

*1 TL Einlegegewürz (Rezept Seite 126)*

*1 EL schwarze Pfefferkörner*

*1/2 l Weißweinessig*

*75 g Zucker*

*1 Lorbeerblatt*

*1 Knoblauchzehe*

*1 Zwiebel*

*1 rote Paprikaschote*

*4 große Dillstengel*

*Genießen Sie diese Bohnen einfach so als Vorspeise oder mit Mayonnaise.*

**1** Die Enden von den Bohnen abschneiden, die Bohnen in 7,5 cm lange Stücke schneiden, in sprudelnd kochendem Wasser 1 Minute blanchieren, abgießen, unter fließendem kaltem Wasser abschrecken und abtropfen lassen.

**2** Das Einlegegewürz mit den Pfefferkörnern auf ein Mulltuch geben, dieses mit einer langen Schnur zu einem Säckchen fest verschnüren und am Topfgriff anbinden. Essig, Zucker, Lorbeerblatt und Knoblauch in den Topf geben.

**3** Bei niedriger Temperatur mit einem Holzlöffel rühren, bis sich der Zucker vollständig aufgelöst hat. Die Mischung aufwallen und 10 Minuten leise köcheln lassen. Mullsäckchen, Lorbeerblatt und Knoblauch entfernen und den Sud abkühlen lassen.

**4** Inzwischen die Zwiebel schälen und würfeln, die Paprikaschote von Stielansatz, Samen und Scheidewänden befreien und würfeln. Beides vermischen und beiseite stellen.

**5** Die Bohnen aufrecht in sterilisierte Gläser packen, bis 2,5 cm unter den Rand mit der Zwiebel-Paprika-Mischung auffüllen, in jedes Glas 2 Dillstengel geben und das Ganze 1,25 cm hoch mit dem Essigsud bedecken.

**6** Die Gläser verschließen, beschriften und 2 Wochen an einem kühlen, dunklen Ort ruhen lassen, bis sich das volle Aroma entwickelt hat.

**Ergibt 2 Gläser von etwa 600 ml**

# EINGELEGTER INGWER AUF JAPANISCHE ART

ZUTATEN

*225 g frische Ingwerwurzel*

*Meersalz*

*1/4 l Reisessig*

*1 EL Zucker*

*einige Tropfen rote Lebensmittelfarbe*

*In Japan wird zu Sushi – Röllchen, gefüllt mit Reis, der mit Reisessig aromatisiert ist, rohem Fisch und Schaltieren – grundsätzlich eingelegter Ingwer gereicht. Er paßt auch gut zu anderen Meeresfrüchten und Geflügel. Traditionsgemäß wird frischer Pflaumensaft verwendet, um den Essig zart zu färben, doch tut es auch rote Lebensmittelfarbe.*

**1** Den Ingwer schälen, in Faserrichtung in hauchdünne Scheiben schneiden, in einer Schüssel mit kaltem Wasser bedecken und 30 Minuten ruhen lassen.

**2** Abgießen, in einen Topf mit sprudelnd kochendem Wasser geben, einmal aufkochen, abgießen und abkühlen lassen. Den Ingwer zurück in die Schüssel geben und leicht salzen.

**3** In einem Topf den Essig mit dem Zucker bei niedriger Temperatur und unter ständigem Rühren erhitzen, bis sich der Zucker vollständig aufgelöst hat. Einige Tropfen rote Lebensmittelfarbe einrühren. Den Ingwer mit der Essigmischung übergießen, so daß er völlig bedeckt ist, und zugedeckt an einem dunklen, kühlen Ort 2 Wochen ziehen lassen.

**4** Den Ingwer mit der Flüssigkeit in ein sterilisiertes Glas füllen, verschließen, beschriften und im Kühlschrank aufbewahren.

**Ergibt 1 Glas von 350 ml**

**Exotischer Gaumenkitzel**
*Japanisch eingelegter Ingwer, in Japan als »shoga« oder »gari« bekannt, schmeckt süß und pikant zugleich.*

# PFIRSICHE MIT FÜNF GEWÜRZEN

*Eingebettet in einen würzigen, süß-sauren Sirup, bilden diese saftigen Pfirsiche, in denen die ganze fruchtige Fülle des Sommers eingefangen ist, die perfekte Ergänzung zu kaltem Fleisch, besonders Schweinefleisch und Schinken. Füllen Sie sie in ein großes Glas ein – oder in zwei kleinere Gläser zum Verschenken.*

## ZUTATEN

*1,8 kg Pfirsiche*

*600 ml Weißweinessig*

*12 schwarze Pfefferkörner*

*1 TL ganze Gewürznelken*

*4 Kardamomkapseln*

*2 Zimtstangen*

*2 Sternanis*

*1 kg Zucker*

***Ergibt 1 Glas von 1,2 l***

1 ◄ In einem Topf Wasser zum Kochen bringen und die Pfirsiche einzeln 30–40 Sekunden hineintauchen, mit einem Schaumlöffel herausnehmen und in eine Schüssel mit Eiswasser geben. Abkühlen und abtropfen lassen, sorgfältig trockentupfen.

**Sauer eingelegte Pfirsiche**
*Bereiten Sie einen Vorrat zu, wenn Pfirsiche Hochsaison haben und ihre Haut rosig schimmert.*

2 ▲ Die Pfirsiche halbieren – der Schnitt verläuft entlang der Fruchtnaht –, entsteinen und häuten. Steine und Schalen wegwerfen, die Pfirsichhälften beiseite legen.

3▶ Den Weinessig mit den Gewürzen in einem Einkochtopf zum Kochen bringen, den Zucker zufügen, bei niedriger Temperatur unter Rühren auflösen.

4▼ Nach 2 Minuten die Pfirsiche hineingeben und 4–5 Minuten garen, bis sie sich mühelos mit einem Messer einstechen lassen.

**Herrliche Gewürze**
*Die Gewürze werden unzerteilt verwendet, damit sich der Einlegesirup nicht trübt.*

5▲ Die Pfirsiche bis 1,25 cm unter den Rand in ein sterilisiertes Glas füllen. Den Sirup noch 2–3 Minuten einkochen lassen.

6▶ Die Pfirsiche mit dem Sirup übergießen, das Glas verschließen und beschriften. Bis zum Verzehr 2 Monate an einen kühlen, dunklen Ort stellen.

**Der letzte Schliff**
*Die Gläser bis knapp unter den Rand mit dem Sirup auffüllen, so daß die Pfirsiche vollständig bedeckt sind. Bei Verwendung von mehr als einem Glas darauf achten, daß die Gewürze gleichmäßig verteilt sind.*

# Kirsch-Pickles mit Estragon

**ZUTATEN**

*1 3/4 l Weißweinessig*

*4 EL Salz*

*1 kg Kirschen*

*4 frische Estragonzweige*

*12 schwarze Pfefferkörner*

**1** Die Hälfte des Essigs mit 2 EL Salz in einem Topf zum Kochen bringen und abkühlen lassen.

**2** Die Kirschen mit einer sterilisierten Nadel oder einem Holzspießchen ringsum einstechen und mit je 2 Estragonzweigen und 6 Pfefferkörnern bis 2,5 cm unter den Rand in zwei sterilisierte Gläser füllen.

**3** Die Kirschen mit dem erkalteten Salzessig 1,25 cm hoch bedecken und darauf achten, daß keine Luftblasen verbleiben. Damit die Kirschen nicht an die Oberfläche steigen, zerknülltes Pergamentpapier obenauf geben. Die Gläser verschließen und für 1 Woche an einem kühlen, dunklen Ort ruhen lassen.

**4** Schritt 1 mit dem restlichen Essig und Salz wiederholen. Das Pergamentpapier aus den Gläsern entfernen, den alten Essig abgießen und den Estragon herausnehmen. Den frischen Salzessig angießen, wie in Schritt 3 beschrieben.

**5** Die Gläser erneut verschließen, beschriften und bis zum Genuß 3 Wochen an einen kühlen, dunklen Platz stellen, damit sich das volle Aroma entfalten kann.

**Ergibt 2 Gläser von etwa 900 ml**

# Rosmarinäpfel mit Honig

**ZUTATEN**

*450 ml Apfelessig*

*8 EL Honig*

*12 große, knackige Tafeläpfel (Granny Smith)*

*6 frische Rosmarinzweige*

*1 TL Pimentkörner*

*Köstlich anstelle von Apfelmus lassen sich diese Rosmarinäpfel zu Schweinebraten, Geflügel oder Schinken servieren.*

**1** Den Essig mit dem Honig in einen Topf geben und bei niedriger Temperatur rühren, bis sich der Honig ganz aufgelöst hat. Die Mischung aufkochen und 2–3 Minuten köcheln lassen.

**2** Die Äpfel schälen, halbieren, die Kerngehäuse entfernen, die Hälften teilen und die Viertel nochmals teilen. Die Stücke in den Honigessig geben und 8–10 Minuten köcheln lassen, bis sie zart, aber nicht zu weich sind.

**3** Die Äpfel sorgfältig bis 2,5 cm unter den Rand in 3 vorgewärmte sterilisierte Gläser einfüllen, jeweils 2 Rosmarinzweige und einige Pimentkörner hinzufügen. Alles 1,25 cm hoch mit dem Essig bedecken und dabei aufpassen, daß keine Luftblasen entstehen. Die Gläser verschließen und beschriften.

**4** Bis zum Verzehr 5–6 Tage an einem kühlen, dunklen Ort ruhen lassen, damit sich der volle Geschmack entwickeln kann.

**Ergibt 3 Gläser von etwa 600 ml**

**Schon gewußt?** Es gibt dünnflüssigen, klaren sowie festen, trüben Honig und eine Vielzahl von Zwischenstufen. Für dieses Rezept eignet sich jede gängige Honigsorte – gleich welchen Geschmacks.

## WÜRZIGE ORANGEN

ZUTATEN

*4 große, kernlose, unbehandelte Orangen oder Mineolas*

*450 g Zucker*

*300 ml Weißweinessig*

*1/2 TL ganze Gewürznelken*

*1 Zimtstange*

*1/2 Muskatblüte (Macis), in 3 Stückchen geteilt*

**1** Die Orangen mit einem scharfen Küchenmesser ungeschält in etwa 5 mm dicke Scheiben schneiden.

**2** In einem Topf so eben mit Wasser bedecken. Einen Deckel so auflegen, daß der Topf halb verschlossen ist, und die Orangen ungefähr 1 Stunde leise köcheln lassen, bis sie weich sind. Vorsichtig herausnehmen und in einem Plastikdurchschlag gut abtropfen lassen.

**3** Zucker und Essig in den Topf geben und bei niedriger Temperatur rühren, bis sich der Zucker ganz aufgelöst hat. Die Gewürze zufügen und den Sirup 5 Minuten kochen lassen. (Wenn Sie die Gewürze später wieder entfernen möchten, geben Sie sie in ein Mullsäckchen.)

**4** Die Orangenscheiben in den Sirup einlegen und zugedeckt 15–20 Minuten köcheln lassen, bis sie glasig werden und der Sirup eingedickt ist.

**5** Die Orangenscheiben mit einer Schaumkelle herausnehmen und bis 1,25 cm unter den Rand ordentlich in vorgewärmte sterilisierte Gläser einschichten. Das Mullsäckchen, falls verwendet, entfernen. Andernfalls den Sirup mitsamt den Gewürzen über die Orangenscheiben gießen, wobei keine Luftblasen verbleiben dürfen.

**6** Die Gläser verschließen und beschriften. An einem kühlen, dunklen Ort 6 Wochen ruhen lassen und erst dann öffnen.

**Ergibt 2 Gläser von etwa 600 ml**

## DATTELN IN WÜRZIGEM ESSIG

ZUTATEN

*1 kg frische Datteln*

*1 EL Meersalz*

*600 ml Weißweinessig*

*12 schwarze Pfefferkörner*

*12 ganze Gewürznelken*

*2 Zimtstangen*

*Servieren Sie diese Datteln zu einer Käse-Brotzeit mit Cheddar.*

**1** Die Datteln in einen Topf mit kochendem Wasser geben, sofort vom Herd nehmen und 2 Minuten ruhen lassen. Abtropfen lassen, häuten, längs halbieren und entsteinen.

**2** Die Datteln bis 2,5 cm unter den Rand in zwei sterilisierte Gläser einschichten und die einzelnen Lagen salzen.

**3** Die restlichen Zutaten in einen Topf geben, aufwallen und 1 Minute kochen lassen. Die Datteln 1,25 cm hoch mit dem Essig bedecken, wobei keine Luftblasen verbleiben dürfen.

**4** Die Gläser verschließen, beschriften und bis zum Genuß 2 Wochen an einen kühlen, dunklen Ort stellen, damit sich der volle Geschmack entwickelt.

**Ergibt 2 Gläser von etwa 600 ml**

**Variation** Für »Walnüsse in würzigem Essig« die Walnüsse zunächst mit einer Lake bedecken – pro 450 g Nüsse 600 ml Wasser mit 2 EL Salz ansetzen – und 3 Tage ziehen lassen. Abtropfen lassen, die Walnüsse mit frischer Lake bedecken, 1 Woche ruhen lassen, abgießen und in sterilisierte Gläser füllen. Den Essig mit den Gewürzen 1 Minute kochen und abkühlen lassen, die Walnüsse damit bedecken. Verschließen, beschriften und bis zum Genuß 5–6 Wochen an einen kühlen, dunklen Ort stellen.

# Pfeffriger Kiwi-Topf

*Diese aparte Zubereitung kombiniert Kiwis mit Äpfeln, deren Konsistenz und Aroma durch das sehr schonende Garen in mild gepfeffertem Sirup erhalten bleiben. Zu feurigen Curries als Beigabe serviert, bringen diese Pickles eine wohltuende »Abkühlung«.*

## Zutaten

*8 Kiwis (insgesamt etwa 675 g)*

*1 TL eingelegte grüne Pfefferkörner*

*1 TL Senfkörner*

*600 ml klarer, ungesüßter Apfelsaft*

*150 ml Weißweinessig*

*225 g Zucker*

*2 große Tafeläpfel, (Granny Smith)*

***Ergibt 3 Gläser von etwa 300 ml***

1 ▶ Die Kiwis schälen, der Länge nach vierteln und die Viertel jeweils quer in drei Stücke schneiden. Die Pfefferkörner in einem Teesieb abspülen, abtropfen lassen, trockentupfen und zusammen mit den Senfkörnern leicht zerdrücken, beiseite stellen.

2 ◀ Den Apfelsaft mit dem Essig in einem Topf aufkochen, den Zucker hineingeben und bei niedriger Temperatur rühren, bis er vollständig aufgelöst ist. Den Sirup, ohne zu rühren, 10–15 Minuten etwas einkochen lassen.

3 Inzwischen die Äpfel schälen, vierteln, die Kerngehäuse entfernen und das Fruchtfleisch in Stücke entsprechend der Größe der Kiwistücke schneiden.

4 Die Apfelstücke mit den zerdrückten Pfeffer- und Senfkörnern in den Sirup geben. Vorsichtig rühren, ohne die Fruchtstücke zu beschädigen.

5 ▲ Die Mischung aufwallen und unter gelegentlichem Rühren 2 Minuten köcheln lassen. Die Kiwis zufügen und weitere 2 Minuten köcheln – die Früchte sollen sich mit einem scharfen Messer so eben einstechen lassen.

6 Die Früchte mitsamt dem Sirup sogleich mit einer Kelle bis 3 mm unter den Rand in vorgewärmte sterilisierte Gläser einfüllen. Die Gläser verschließen, beschriften und an einem kühlen, dunklen Ort 1 Woche ungestört ruhen lassen.

## Würzig eingelegte Birnen

**ZUTATEN**

*1,4 kg Birnen*

*2 Zimtstangen*

*1 TL Pimentkörner*

*1 TL ganze Gewürznelken*

*1/4 Muskatblüte (Macis)*

*2 Stückchen geschälte, getrocknete Ingwerwurzel*

*225 g Zucker*

*1/2 l Apfelessig*

*Diese würzigen Birnen passen hervorragend zu gebratener junger Ente, jedem anderen Braten, auch zu kaltem Fleisch. Gehackt und in letzter Minute eingerührt, sind sie eine interessante Bereicherung für Curries.*

**1** Die Birnen schälen, große Früchte vierteln, kleine halbieren, die Kerngehäuse entfernen und die Fruchtstücke in einem Topf mit Wasser bedecken. Einmal aufkochen, 5 Minuten leise köcheln lassen.

**2** Die Fruchtstücke in einem Kunststoffsieb über einem großen Meßbecher abtropfen lassen. Die Garflüssigkeit mit Wasser auf 1/2 l ergänzen, zurück in den Topf geben, die restlichen Zutaten einrühren und alles 5 Minuten köcheln lassen.

**3** Die Birnen in den Sirup geben und 30 Minuten pochieren, bis sie glasig schimmern. Bis 1,25 cm unter den Rand in ein sterilisiertes und vorgewärmtes Glas füllen und mit dem Sirup bedecken. Bei Verwendung mehrerer Gläser darauf achten, daß die Gewürze gleichmäßig verteilt sind.

**4** Das Glas verschließen, beschriften und für mindestens 1 Monat an einen kühlen, dunklen Platz stellen, damit sich das volle Aroma entfalten kann.

**Ergibt 1 Glas von 1,2 l**

**Variation** Für »Würzig eingelegte Aprikosen« die Aprikosen halbieren und entsteinen und dann nach dem Rezept oben weiterarbeiten, jedoch nur so lange garen, bis sie so eben weich sind.

## Backpflaumen-Pickles mit Tee

**ZUTATEN**

*1 kg Backpflaumen*

*900 ml kalter Earl-Grey-Tee (schwarzer Tee)*

*300 ml Weißweinessig*

*1 Zimtstange*

*225 g Zucker*

*16 Pimentkörner*

*6 ganze Gewürznelken*

*1/4 Muskatblüte (Macis, nach Belieben)*

*Ganz ausgezeichnet schmecken diese Backpflaumen zu Schweine- oder Hasenbraten. Der aromatische Essigsud würzt, sparsam dosiert, Saucen und Aufläufe.*

**1** Die Backpflaumen in einer großen, nicht-metallischen Schüssel mit dem Tee übergießen und zugedeckt über Nacht ziehen lassen.

**2** Den Schüsselinhalt in einen Topf geben, aufkochen und 15–20 Minuten leise köcheln lassen, bis die Pflaumen weich sind. Die Pflaumen bis 1,25 cm unter den Rand in vorgewärmte sterilisierte Gläser füllen.

**3** Den Essig zum Teesud in den Topf geben, die Zimtstange einmal durchbrechen und mit den restlichen Zutaten ebenfalls in den Topf geben. Bei niedriger Temperatur rühren, bis sich der Zucker vollständig aufgelöst hat, und den Sirup 2–3 Minuten einkochen lassen.

**4** Die Pflaumen mit dem Sirup bedecken und darauf achten, daß die Gewürze in den Gläsern gleichmäßig verteilt sind.

**5** Die Gläser verschließen, beschriften und bis zum Genuß mindestens 2 Wochen an einem kühlen, dunklen Ort ruhen lassen, damit sich die Aromen gut vermischen.

**Ergibt 2 Gläser von etwa 3/4 l**

**Schon gewußt?**

Earl-Grey-Tee ist eine Mischung chinesischer und Darjeeling-Tees, aromatisiert mit Bergamotte. Er ist benannt nach dem Zweiten Earl Grey, für den diese Mischung in vergangener Zeit kreiert wurde.

# Chutneys

Ursprünglich stammen sie aus Indien, wo sie auf Hindi »chatni« heißen, was soviel bedeutet wie stark gewürzt. Doch sind Chutneys damit nur unzutreffend charakterisiert. Vielmehr handelt es sich um reichhaltige Kompositionen aus Früchten, Gemüse, Kräutern und Gewürzen, die langsam mit Essig und Zucker zu einer dicken, süß-sauren Sauce verkocht werden. Häufig verwendete Gewürze sind Zimt, Ingwer, Piment und Kardamom. Zweifellos die bekannteste Version ist Mango-Chutney, eine gute Möglichkeit, um Duft und Aroma dieser Frucht einzufangen. Chutneys können frisch für den sofortigen Verbrauch zubereitet werden, häufiger aber werden sie gekocht. Ob zu warmem oder kaltem Fleisch oder Geflügel gereicht, zu Käse, Gemüse oder einer Eierspeise – sie harmonieren mit beinahe jedem Gericht. Neben der bereits erwähnten Version mit Mangos lassen sie sich aus Nektarinen, Pfirsichen, Birnen, Aprikosen, Roter Bete, grünen und roten Tomaten, Ananas, Papayas und... und... zubereiten. Sie können sehr pikant sein, wenn sie Chilischoten enthalten, oder auch ausgesprochen mild und fruchtig-süß. Ihre Herstellung ist nur am aktuellen Marktangebot ausgerichtet, man experimentiere mit ausgefallenen Zusammenstellungen, etwa Datteln mit Orangen, grüne Tomaten mit Äpfeln oder Kürbis mit Aprikosen.

## Chutneys herstellen

♦ Unschön gewachsene Früchte oder Gemüse oder auch solche mit Druckstellen, die für andere Konserven, bei denen das Aussehen des Einmachguts eine wichtige Rolle spielt, nicht geeignet sind, lassen sich hervorragend in Chutneys verwerten. Auch dürfen sie reifer sein, als etwa für die Konfitüreherstellung verlangt, jedoch nicht überreif. Weitere Zutaten, zur geschmacklichen Abrundung hinzugefügt, sind Gewürze, Essig, Trockenfrüchte, Nüsse und Zucker. Zum Süßen können weißer oder – für eine dunklere Farbe und ein kräftigeres Aroma – brauner Zucker verwendet werden, ebenso Honig, heller Rohrzuckersirup (Golden Syrup) und Melasse, letztere aber nur in geringen Mengen, da sie im Laufe der Lagerung kristallisieren können.

♦ Früchte und Gemüse waschen, je nach Erfordernis schälen oder häuten und von Hand oder – für ein feineres Chutney – im Mixer hacken.

♦ Am besten gelingen Chutneys, wenn sie sehr langsam und ganz sanft gekocht werden, wobei die Zutaten allmählich ihren vollen Geschmack freigeben. Früchte oder Gemüse mit harter oder dicker Schale, zum Beispiel unreife Birnen, Möhren oder Stachelbeeren, müssen eventuell zunächst in Essig weich gekocht werden.

♦ Das Chutney ist fertig, wenn es zu konfitüreartiger Konsistenz eingedickt ist. Zieht man einen Löffel über den Topfboden, sollten sich keine Essigspuren zeigen. Das Chutney bis 3 mm unter den Rand in vorgewärmte sterilisierte Gläser füllen (siehe Seite 11) und mit einem Metallspieß umrühren, um Luftblasen zu entfernen.

### Verschliessen und Lagern

Die Gläser mit säurefesten Deckeln fest verschließen. Optimal sind kunststoffbeschichtete Schraubdeckel aus Metall, die ein Verdunsten des Essigs und damit ein Austrocknen der Chutneys verhindern. Die Gläser beschriften. Zwar können Chutneys sogleich verzehrt werden, doch entwickeln die meisten erst nach 1 Monat ihren vollen Geschmack. An einem kühlen, dunklen Ort gelagert, halten sie sich bis zu 1 Jahr, wobei es jedoch Ausnahmen zu beachten gibt, auf die in den jeweiligen Rezepten hingewiesen wird.

### Pannen und ihre Ursachen

Trocknet ein Chutney aus oder schrumpft ein, wurde es zu lange gekocht, nicht fest genug verschlossen oder zu warm gelagert. Schimmelbildung ist auf zuwenig Essig, eine zu kurze Kochzeit oder nicht sachgemäß sterilisierte Gläser zurückzuführen. Sammelt sich an der Oberfläche Flüssigkeit, wurde die Mischung nicht lange genug eingekocht.

# Dunkles Mango-Chutney

*Manche Mango-Chutneys sind hell und süß, dieses dagegen besitzt eine geheimnisvolle dunkle Farbe und besticht durch eine besondere Würze, die von allen Zutaten gemeinsam herrührt. Die Tamarinde, auch Indische Dattel genannt, wird in Indien bevorzugt in Chutneys verarbeitet.*

## Zutaten

*1,4 kg Mangos*

*2 EL Salz*

*100 g Tamarindenmark*

*75 g frische Ingwerwurzel*

*15 g getrocknete rote Chillies*

*1/2 l Apfelessig*

*675 g heller, brauner Zucker*

*100 g Rosinen*

*1 TL gemahlenes Piment*

***Ergibt etwa 1,8 kg***

1 ◀ Die Mangos schälen, erst die »Backen« beidseits des Steins, dann das noch am Stein haftende Fruchtfleisch abschneiden und in Stücke schneiden. In eine nicht-metallische Schüssel geben, das Salz daruntermischen und zugedeckt 2 Stunden ziehen lassen.

2 Das Tamarindenmark in einer Schüssel mit kochendem Wasser bedecken, zugedeckt 1 Stunde stehen lassen, danach die Restflüssigkeit abgießen.

3 Das Tamarindenmark über einem Einkochtopf durch ein Kunststoffsieb streichen, die Samen wegwerfen. Die Mangos abgießen und in einem Kunststoffsieb unter fließendem kaltem Wasser das gesamte Salz abspülen. Die Früchte gut abtropfen lassen und zu dem Tamarindenmark in den Einkochtopf geben.

4 Den Ingwer schälen und fein hacken. Die Chillies längs aufschneiden, alle Samen entfernen und die Schoten mit den Händen zerkrümeln.

5 ◀ Ingwer, Chillies, Essig, Zucker, Rosinen und Piment in den Topf zu den Mangos geben, unter Rühren zum Kochen bringen und bei Mittelhitze 30 Minuten köcheln lassen, bis die Mangos weich sind und das Chutney eingedickt ist.

6 ▶ Garprobe: mit dem Löffelrücken über den Topfboden rühren, es sollte sich keine Essigspur zeigen.

7 Das Chutney bis 3 mm unter den Rand in sterilisierte, vorgewärmte Gläser füllen und, falls nötig, Luftblasen entfernen. Die Gläser verschließen und beschriften. Das Chutney kann sogleich verwendet werden.

**Vielseitige Mango**
*Mango-Chutney schmeckt gleichermaßen köstlich zu Curries, einfachen Zubereitungen mit Käse und warmem oder kaltem Fleisch.*

# ROTES TOMATEN-CHUTNEY

*Bei mehrmonatiger Lagerung reift das milde Aroma dieses Chutneys aus Früchten, Gemüsen und harmonisch abgestimmten Gewürzen zu höchster Vollkommenheit. Genießen Sie das Chutney zu deftigem Käse und knusprigem frischem Brot. Da alle Zutaten das ganze Jahr über zu haben sind, kann dieses Chutney jederzeit zubereitet werden.*

## ZUTATEN

*1,4 kg reife Tomaten*

*675 g kleine Zwiebeln*

*1 kg Kochäpfel*

*1/2 l Weißweinessig*

*350 g Zucker*

*175 g Sultaninen*

*2 TL Salz*

*1 TL gemahlene Gewürznelken*

*1 TL gemahlener Ingwer*

*1/2 TL Cayennepfeffer*

***Ergibt etwa 2 kg***

1 ◀ Die Blütenansätze entfernen, die Tomaten in einer Schüssel mit kochendem Wasser bedecken und nach 15–20 Sekunden – oder wenn die Haut aufplatzt – in eine Schüssel mit kaltem Wasser geben. Einzeln herausnehmen, mit einem scharfen Messer häuten und grob hacken.

2 ▶ Die Zwiebeln in feine Scheiben schneiden. Die Äpfel schälen, vom Kerngehäuse befreien und fein würfeln. Tomaten, Zwiebeln und Äpfel mit den restlichen Zutaten in einem Einkochtopf vermischen.

3 ◀ Unter Rühren aufkochen und bei verminderter Temperatur 40–45 Minuten leise köcheln lassen, bis Früchte und Gemüse weich sind und das Chutney eindickt. Als Garprobe mit dem Löffelrücken über den Topfboden rühren, es soll keine Essigspur mehr sichtbar sein.

4 Das Chutney bis 3 mm unter den Rand in sterilisierte, vorgewärmte Gläser füllen und umrühren, um etwaige Luftblasen zu entfernen. Die Gläser verschließen, beschriften und vor dem Genuß an einem kühlen, dunklen Ort 2 Monate ruhen lassen, damit sich die Aromen gut vermischen.

## Zitronen-Senf-Chutney

### Zutaten

*1,8 kg große unbehandelte Zitronen*

*450 g Zwiebeln*

*50 g Salz*

*450 ml Wasser*

*1 kg Zucker*

*225 g Sultaninen*

*25 g Senfkörner*

*2 TL gemahlener Ingwer*

*1 TL Cayennepfeffer*

*900 ml Apfelessig*

*Sehr gute Beigabe zu einer Käse-Brotzeit. Einfaches Zitronen-Chutney ohne die Senfkörner harmoniert gut mit thailändischen oder indischen Gerichten.*

1 Die Zitronen in 3 mm dicke Scheiben schneiden, diese vierteln und alle Kerne entfernen. Die Zwiebeln schälen und in Scheiben schneiden.

2 Zusammen mit dem Salz lagenweise in eine große, nicht-metallische Schüssel geben, mit einem Teller leicht beschweren und zugedeckt 24 Stunden entwässern.

3 In einem Kunststoffsieb unter fließendes kaltes Wasser halten, bis das gesamte Salz abgewaschen ist. In einem Einkochtopf mit Wasser bedecken, einmal aufkochen lassen und dann bei niedriger Temperatur unter gelegentlichem Rühren 35 Minuten köcheln lassen, bis die Zitronenschale ganz weich ist.

4 Die restlichen Zutaten hinzufügen, erneut unter Rühren zum Kochen bringen und bei niedriger Temperatur unter gelegentlichem Rühren 45–50 Minuten einkochen lassen.

5 Bis 3 mm unter den Rand in vorgewärmte sterilisierte Gläser einfüllen. Die Gläser verschließen, beschriften und 2 Monate an einem kühlen, dunklen Platz ruhen lassen, bis sich der volle Geschmack entwickelt hat.

**Ergibt etwa 2 1/4 kg**

## Backpflaumen-Haselnuss-Chutney

### Zutaten

*1 kg Backpflaumen*

*675 g Kochäpfel*

*60 ml (4 EL) Wasser*

*575 g dunkler brauner Zucker*

*225 g Haselnüsse*

*600 ml Rotweinessig*

*1 TL Currypulver*

*1 TL Zimtpulver*

*1/2 TL gemahlenes Piment*

*1/4 TL Cayennepfeffer*

*Frisch zubereitet, schmeckt dieses Chutney besonders gut, speziell zu Huhn oder Schinken.*

1 Die Backpflaumen in einer Schüssel mit kochendem Wasser bedecken und 24 Stunden ziehen lassen.

2 Die Äpfel schälen, die Kerngehäuse entfernen, das Fruchtfleisch fein hacken und mit dem Wasser sowie 50 g Zucker in einen Einkochtopf geben. Bei niedriger Temperatur rühren, bis sich der Zucker vollständig aufgelöst hat, und 10 Minuten leise köcheln lassen, bis die Äpfel gar sind.

3 Die Nüsse fein hacken. Die Pflaumen abgießen, entsteinen, hacken, mit den Nüssen und den restlichen Zutaten in den Topf geben und alles vermischen.

4 Die Mischung unter Rühren zum Kochen bringen und bei niedriger Temperatur unter häufigem Rühren 30 Minuten einkochen lassen.

5 Vorgewärmte sterilisierte Gläser bis 3 mm unter den Rand mit dem Chutney füllen, verschließen und beschriften. Das Chutney, damit sich der volle Geschmack entwickelt, 6 Wochen an einem kühlen, dunklen Platz ruhen lassen.

**Ergibt etwa 2 1/4 kg**

## Bananen-Chutney

**ZUTATEN**

*450 g Bananen*

*225 g getrocknete Datteln*

*50 g kandierter Ingwer*

*450 ml Weißweinessig*

*Schale und Saft von 1 Zitrone und 1 Orange*

*225 g Rosinen*

*275 g dunkler brauner Zucker*

*je 2 TL Salz und Currypulver*

**1** Die Bananen schälen und in kleine Stücke schneiden. Die Datteln entsteinen und hacken, den Ingwer ebenfalls hacken.

**2** Die vorbereiteten Zutaten mit dem Essig, den fein abgeriebenen Schalen und dem Saft der (unbehandelten) Zitrusfrüchte in einen Einkochtopf geben und aufkochen. Die Hitze herunterschalten und unter gelegentlichem Rühren mit einem Holzlöffel 30 Minuten köcheln lassen.

**3** Die restlichen Zutaten hinzufügen und bei niedriger Temperatur rühren, bis sich der Zucker vollständig aufgelöst hat. Erneut zum Kochen bringen und weitere 10–15 Minuten unter häufigem Rühren einkochen lassen.

**4** Bis 3 mm unter den Rand in sterilisierte, vorgewärmte Gläser füllen, verschließen und beschriften. 1–2 Monate an einen kühlen, dunklen Ort stellen, damit sich das volle Aroma entfalten kann.

**Ergibt etwa 1,2 kg**

## Papaya-Chutney

**ZUTATEN**

*1 kg unreife Papayas*

*100 g Cashewkerne*

*50 g frische Ingwerwurzel*

*3 große Knoblauchzehen*

*2 frische, scharfe rote Chilischoten*

*225 g Sultaninen*

*450 g heller brauner Zucker*

*1/2 l Apfelessig*

*2 TL Salz*

**1** Die Papayas schälen, die schwarzen Kerne herausschaben und das Fruchtfleisch in 2,5 cm große Würfel schneiden.

**2** Die Cashewkerne im vorgeheizten Ofen bei 180 °C goldgelb rösten, leicht abkühlen lassen und grob hacken. Den Ingwer und die Knoblauchzehen schälen und fein hacken. Die Chillies halbieren, die Samen entfernen und die Schoten hacken.

**3** Alle Zutaten in einen Einkochtopf geben und unter gelegentlichem Rühren 30 Minuten leise köcheln lassen, bis sich ein sämiges Chutney ergibt.

**4** Vorgewärmte sterilisierte Gläser bis 3 mm unter den Rand mit dem Chutney füllen, verschließen, beschriften und an einem kühlen, dunklen Platz lagern. Das Chutney kann sofort verwendet werden, entwickelt jedoch nach 2 Wochen erst seinen vollen Geschmack.

**Ergibt etwa 1 1/4 kg**

## Orangen-Chutney

**ZUTATEN**

*6 Orangen (insgesamt etwa 1 kg)*

*225 g Zwiebeln*

*450 g frische Datteln*

*600 ml Weißweinessig*

*je 2 TL gemahlener Ingwer und Koriander*

**1** Die Orangen sauber schälen, das Fruchtfleisch hacken, dabei alle Kerne entfernen und die Fruchtmasse mit dem gesamten Saft in einen Einkochtopf geben.

**2** Die Zwiebeln schälen und hacken, die Datteln entsteinen und ebenfalls hacken und beides mit den restlichen Zutaten zu den Orangen geben. Das Ganze einmal aufkochen und dann unter gelegentlichem Rühren 1 Stunde leise köchelnd eindicken lassen.

**3** Bis 3 mm unter den Rand in vorgewärmte, sterilisierte Gläser füllen, verschließen, beschriften und 1 1/2–2 Monate ruhen lassen.

**Ergibt etwa 1,1 kg**

# Rote-Bete-Chutney

**Zutaten**

*2 Kochäpfel*
*1 Zwiebel*
*1/4 l Malzessig*
*2 TL frisch geriebene Ingwerwurzel*
*1 TL gemahlenes Piment*
*2 ganze Gewürznelken*
*450 g gekochte Rote Bete (siehe Kasten rechts)*
*50 g dunkler Rohrzucker*
*50 g Rosinen*

**1** Die Äpfel vom Kerngehäuse befreien, die Zwiebel schälen, beides in Scheiben schneiden und mit dem Essig, Ingwer, Piment und den Gewürznelken in einen Einkochtopf geben. Einmal aufkochen und 20 Minuten unter gelegentlichem Rühren köcheln lassen.

**2** Die Rote Bete abziehen, fein hacken und mit dem Zucker und den Rosinen in den Topf geben. Aufkochen und 15 Minuten leise köcheln lassen.

**3** Das Chutney bis 3 mm unter den Rand in vorgewärmte sterilisierte Gläser füllen, verschließen und beschriften. Es kann sofort verwendet werden.

**Ergibt etwa 1 kg**

**Rote Bete kochen** Die Rote Bete ungeschält kochen, ansonsten würde sie »ausbluten«. Salzwasser zum Kochen bringen, die Rote Bete 20–30 Minuten leise köcheln, abtropfen und abkühlen lassen.

# Bengalisches Chutney

**Zutaten**

*225 g Möhren*
*1 Zwiebel*
*450 g Kochäpfel*
*100 g Rosinen*
*100 g frisch geriebener Meerrettich*
*225 g hellbrauner Zucker*
*2 TL Salz*
*1 EL gemahlener Ingwer*
*1 EL Currypulver*
*1 TL Senfkörner*
*2 EL heller Rohrzuckersirup (Golden Syrup)*
*300 ml Essig*

*Chutneys gehören in Indien auf den Tisch wie hierzulande der Salz- und Pfefferstreuer. Diese Variante stammt aus Bengalen im Norden Indiens.*

**1** Möhren, Zwiebel und Äpfel schälen und in Scheiben schneiden. Die Äpfel vorher vom Kerngehäuse befreien.

**2** Zusammen mit allen anderen Zutaten in einen Topf geben und unter gelegentlichem Rühren in 50 Minuten zu einem dicken Chutney einkochen lassen.

**3** Das Chutney bis 3 mm unter den Rand in vorgewärmte sterilisierte Gläser füllen, verschließen und beschriften. Bis zur Verwendung 6 Wochen an einem kühlen, dunklen Ort ruhen lassen.

**Ergibt etwa 1,2 kg**

# Birnen-Zwiebel-Chutney

**ZUTATEN**

*1,4 kg Birnen*

*675 g Zwiebeln*

*450 g reife Tomaten*

*2 kleine grüne Paprikaschoten*

*4 EL Rosinen*

*450 g hellbrauner Zucker*

*1 EL Salz*

*1/2 TL Zimtpulver*

*1/4 TL gemahlene Gewürznelken*

*1 Prise Cayennepfeffer*

*900 ml Weißweinessig*

*Die Mischung aus Birnen, Zwiebeln, Tomaten und Paprikaschoten mag fremd anmuten, eine Kostprobe aber überzeugt jeden Skeptiker. Wie die meisten Chutneys paßt auch dieses vorzüglich zu Curries, thailändischen Gerichten und einer Brotzeit mit Cheddar und herzhaftem Weißbrot.*

**1** Die Birnen schälen, die Kerngehäuse entfernen und das Fruchtfleisch würfeln. Die Zwiebeln schälen und in Scheiben schneiden, die Tomaten häuten und hacken. Die Paprikaschoten von Stielansatz, Samen und Scheidewänden befreien und hacken.

**2** Diese Zutaten in einen Einkochtopf geben und bei niedriger Temperatur 20–30 Minuten leise köchelnd weich garen.

**3** Die restlichen Zutaten zufügen, alles unter Rühren mit einem Holzlöffel langsam zum Kochen bringen, bis der Zucker vollständig aufgelöst ist, und unter gelegentlichem Rühren 1–1 1/2 Stunden einkochen lassen.

**4** Das Chutney mit einem Löffel bis 3 mm unter den Rand in vorgewärmte sterilisierte Gläser füllen, verschließen, beschriften und bis zum Genuß 2 Monate kühl und dunkel lagern.

**Ergibt etwa 2 1/2 kg**

# Rhabarber-Chutney

**ZUTATEN**

*450 g Rhabarber*

*350 g Zwiebeln*

*175 g Rosinen*

*775 g heller, brauner Zucker*

*1/2 l Apfelessig*

*1 EL Salz*

*1 TL Zimtpulver*

*1 TL gemahlener Ingwer*

*1/2 TL gemahlene Gewürznelken*

*1 Prise Cayennepfeffer*

**1** Den Rhabarber putzen, die Zwiebeln schälen, beides in Scheiben schneiden.

**2** Mit den übrigen Zutaten in einen Einkochtopf aus Edelstahl geben.

**3** Bei niedriger Temperatur mit einem Holzlöffel rühren, bis sich der Zucker vollständig aufgelöst hat. Das Ganze aufwallen lassen und dann 2 Stunden unter häufigem Rühren einkochen lassen.

**4** Das Chutney bis 3 mm unter den Rand in sterilisierte, vorgewärmte Gläser füllen, verschließen und beschriften. 1 Monat an einen kühlen, dunklen Platz stellen, damit sich der volle Geschmack entfalten kann.

**Ergibt etwa 2 1/4 kg**

**Nützlicher Tip** Rhabarber vor der weiteren Verarbeitung sorgfältig putzen: Wurzelansatz und Blätter abschneiden – sie sind giftig und für den Verzehr absolut ungeeignet – und die Stangen entfasern. Stets in einem Edelstahltopf kochen, da die im Rhabarber enthaltene Säure mit anderen Metallen reagiert.

# Würziges Paprika-Chutney

**Zutaten**

*6 rote Paprikaschoten*
*6 grüne Paprikaschoten*
*1 kg grüne Tomaten*
*675 g Zwiebeln*
*675 g Kochäpfel*
*1 TL gemahlenes Piment*
*900 ml Apfelessig*
*450 g Zucker*
*25 g Salz*
*10 ganze getrocknete Chilischoten*
*1 TL ganze Gewürznelken*
*7 g feingeriebene frische Ingwerwurzel*
*15 g Senfkörner*
*25 g Pfefferkörner*

*Als Beigabe zu einer Käseplatte ist dieses Chutney für Gaumen und Augen gleichermaßen ein Genuß.*

**1** Paprikaschoten und Tomaten halbieren und aushöhlen. Die Zwiebeln schälen, ebenso die Äpfel und aus diesen die Kerngehäuse herausschneiden. Gemüse und Äpfel im Mixer oder mit einem großen Küchenmesser grob hacken.

**2** Die gehackten Zutaten mit dem Piment, Essig, Zucker und Salz in einen Einkochtopf geben. Die restlichen Zutaten in ein Mullsäckchen füllen und dieses ebenfalls in den Topf geben. Bei niedriger Temperatur mit einem Holzlöffel rühren, bis der Zucker aufgelöst ist, dann 1 1/4 Stunden unter gelegentlichem Rühren einkochen lassen.

**3** Das Mullsäckchen entfernen und das Chutney mit einem Löffel bis 3 mm unter den Rand in sterilisierte, vorgewärmte Gläser füllen. Diese verschließen, beschriften und für 6 Wochen an einen kühlen, dunklen Platz stellen, damit sich das volle Aroma entfalten kann.

**Ergibt etwa 2 3/4 kg**

**Schon gewußt?** Die Heimat der *Capsicum*-Familie liegt im tropischen Amerika und in Westindien. Während Gemüsepaprika mild ist und roh oder gekocht gegessen wird, dienen Chilischoten als Würze. Das »harmlosere« Aussehen grüner Chillies ist trügerisch: oft sind sie feuriger als die roten.

# Aprikosen-Mandel-Chutney

**Zutaten**

*1/4 l Apfelessig*
*175 g Zucker*
*12 Aprikosen*
*2 rote Paprikaschoten*
*2 Zwiebeln*
*1 Knoblauchzehe*
*1 unbehandelte Orange*
*1 unbehandelte Zitrone*
*50 g kandierter Ingwer*
*1 TL Salz*
*75 g Rosinen*
*50 g blanchierte ganze Mandeln*
*1 TL gemahlener Ingwer*

**1** 175 ml Apfelessig in einen Einkochtopf geben. Den Zucker zufügen und bei niedriger Temperatur rühren, bis er aufgelöst ist. Bei erhöhter Temperatur einmal aufwallen und 5 Minuten köcheln lassen.

**2** Die Aprikosen halbieren, entsteinen und hacken. Die Paprikaschoten von Samen und Scheidewänden befreien und hacken, Zwiebeln und Knoblauch schälen und ebenfalls hacken. Die Orange und die Zitrone ungeschält fein hacken, ebenso den kandierten Ingwer.

**3** Alles zusammen mit dem Salz und den Rosinen zum Essigsirup geben und bei mittlerer Temperatur unter häufigem Rühren 30 Minuten leise köcheln lassen.

**4** Die Mandeln, den gemahlenen Ingwer und den restlichen Essig dazugeben und weitere 30 Minuten unter häufigem Rühren einkochen lassen.

**5** Bis 3 mm unter den Rand in vorgewärmte sterilisierte Gläser einfüllen, verschließen und beschriften. 2 Monate an einen kühlen, dunklen Platz stellen, damit das Chutney sein volles Aroma entwickeln kann.

**Ergibt etwa 1,4 kg**

# Relishes

Mit ihrer herzhaften Würze und knackigen Frische stellen Relishes für Kochbegeisterte eine Herausforderung dar, die für sie zugleich die Frage aufwirft, ob sie einer bewährten Tradition folgen oder die Vergangenheit abschütteln und kreative Vorstöße in neues kulinarisches Terrain wagen sollten. In jedem Fall stellen Relishes für die Gerichte, die sie begleiten, eine entscheidende Bereicherung dar. Feine Relishes sind so wichtig wie feine Saucen und verdienen genausoviel Aufmerksamkeit. Meist handelt es sich um Kombinationen aus Früchten, süße oder herbe, und knackigem Gemüse wie Sellerie, Radieschen, Möhren und Paprikaschoten. Sie passen zu warmem und kaltem Braten, Fisch und gehaltvollerem Geflügel wie Ente und Gans. Einfach köstlich schmecken sie mit Hüttenkäse oder Ricotta als Vorspeise oder leichtes Mittagessen, sie aromatisieren Salatdressings aus Mayonnaise, machen Sandwiches interessanter und geben Hackbraten eine reizvolle süßsaure oder leicht feurige Note. Die meisten Zutaten sind ganzjährig erhältlich, abgesehen von frischem Mais, der die Grundlage für jenes Relish liefert, das in der Beliebtheitsskala ganz oben steht. Relishes schmecken einfach nach mehr: ein Löffel, noch einer und noch einer ... und plötzlich ist das Glas leer. Stellen Sie daher ruhig größere Vorräte her, auch zum Verschenken.

## Relishes herstellen

- ♦ Wählen Sie junges, frisches Obst und Gemüse aus. Sehr wasserreichem Gemüse wie Kohl, Gurken und Paprikaschoten wird mittels Meersalz die Flüssigkeit entzogen.
- ♦ Das Wasser abgießen, das Gemüse unter fließendem kaltem Wasser abspülen, um das restliche Salz zu entfernen, abtropfen und mit Küchenpapier trockentupfen.
- ♦ Das Relish in einem Einkochtopf unter Zusatz von Essig, Zucker und Gewürzen köcheln lassen, bis Gemüse und Früchte so eben gar sind. Relishes sind von gröberer Konsistenz und kräftigerem Geschmack als Chutneys, daher ist ihre Kochzeit kürzer als die von Chutneys.
- ♦ Die Mischung bis 3 mm unter den Rand in vorgewärmte sterilisierte Gläser füllen und, falls erforderlich, umrühren, um etwaige Luftblasen zu entfernen.

**VERSCHLIESSEN UND LAGERN**

Die Gläser mit kunststoffbeschichteten Schraubdeckeln fest verschließen, beschriften und 2–4 Wochen an einen kühlen, dunklen Platz stellen, damit das Relish sein volles Aroma entwickeln kann. Je nach den verwendeten Zutaten beträgt die Haltbarkeit etwa 3 Monate. Ein geöffnetes Glas im Kühlschrank aufbewahren.

**PANNEN UND IHRE URSACHEN**

Schrumpft das Volumen, ist der Verschluß wahrscheinlich undicht. Relishes lassen ihren typischen Geschmack vermissen, wenn sie nicht lange genug durchziehen konnten oder kein guter Essig verwendet wurde. Ein Verblassen der Farben ist auf Lichteinfall zurückzuführen.

# MAIS-RELISH

*Im Hochsommer, wenn überall in den Gärten und auf den Märkten das Sonnengelb von frischem Mais aufleuchtet, wird dieser Klassiker unter den Relishes zubereitet. Mais-Relish kann sofort verwendet oder auch als willkommener Vorrat für den Winter in den Keller gestellt werden.*

## ZUTATEN

*8 frische Maiskolben (insgesamt etwa 2 1/2 kg)*

*je 2 rote und grüne Paprikaschoten und Zwiebeln*

*8 Selleriestangen*

*1,2 l Apfelessig*

*100 g Zucker*

*1 EL Senfkörner*

*1 EL Salz*

*4 Pimentkörner*

***Ergibt etwa 2 1/2 kg***

1 ▶ Von den Maiskolben die Hüllblätter und Narbenfäden – die »Seide« – abziehen.

2 ◀ Die Maiskörner von den Kolben streifen. Aus den Paprikaschoten die Stielansätze kreisförmig herausschneiden, die Schoten längs halbieren, Samen und Scheidewände entfernen, die Schotenhälften längs in Streifen und dann quer in Würfel schneiden.

3 ▶ Die Zwiebeln schälen und fein hacken, den Sellerie ebenfalls fein hacken. Das vorbereitete Gemüse mit den restlichen Zutaten in einen Einkochtopf geben und bei niedriger Temperatur rühren, bis sich der Zucker vollständig aufgelöst hat.

4 ◀ Unter Rühren aufkochen und 15–20 Minuten leise köcheln lassen, bis das Gemüse zart ist, dabei gelegentlich rühren.

5 ▲ Bis 3 mm unter den Rand in vorgewärmte sterilisierte Gläser füllen, diese verschließen und beschriften.

## MEERRETTICH-RELISH

ZUTATEN

*1,8 kg Tomaten*

*175 g Sellerie*

*4 Zwiebeln*

*225 g frisch geriebener Meerrettich*

*350 g brauner Zucker*

*600 ml Apfelessig*

*2 EL Salz, 2 EL Dillsamen*

*je 2 TL Piment, Zimt und Nelken, gemahlen*

*4 EL Senfkörner*

**1** Die Tomaten häuten, hacken und in einem Kunststoffsieb 2 Stunden abtropfen lassen. Den Sellerie und die Zwiebeln hacken.

**2** Diese Zutaten in einen Topf mit dickem Boden geben. Die restlichen Zutaten hinzufügen und bei niedriger Temperatur rühren, bis sich der Zucker vollständig aufgelöst hat. Einmal aufkochen und unter gelegentlichem Rühren das Gemüse in 50 Minuten weich köcheln. In vorgewärmte sterilisierte Gläser füllen, verschließen und beschriften. 2 Monate an einen kühlen, dunklen Ort stellen, damit sich das volle Aroma entwickeln kann.

**Ergibt etwa 2 1/4 kg**

**Nützlicher Tip** Für frisch geriebenen Meerrettich die Wurzel sorgfältig schälen und in der Küchenmaschine fein raspeln. Mit der Handreibe kann es zu einer Augenreizung kommen. Getrocknete Meerrettichflocken werden eingeweicht und wie frischer Meerrettich weiterverarbeitet.

## TOPINAMBUR-RELISH

ZUTATEN

*2 kg Topinamburs*

*4 Zwiebeln*

*2 grüne oder rote Paprikaschoten*

*1 EL Meersalz*

*je 1 TL Dillsamen, Senfkörner und Kurkuma*

*1,4 l Apfelessig*

*575 g Zucker*

**1** Die Topinamburs und Zwiebeln schälen, die Paprikaschoten von Stielansatz, Samen und Scheidewänden befreien, das Gemüse in der Küchenmaschine grob hacken und in einen Einkochtopf geben. Die restlichen Zutaten zufügen und bei niedriger Temperatur rühren, bis der Zucker aufgelöst ist. Die Mischung aufkochen und unter gelegentlichem Rühren in 30 Minuten gar köcheln.

**2** Das Relish in vorgewärmte sterilisierte Gläser füllen, verschließen, beschriften und 1 Woche an einen kühlen, dunklen Ort stellen.

**Ergibt etwa 3 kg**

**Schon gewußt?** Obwohl auch Erd- oder Jerusalemartischocke genannt, ist Topinambur mit der Artischocke nicht verwandt, sondern eine Sonnenblumenart. Die knorrigen Knollen schmecken süß, nußartig.

## CRANBERRY-ORANGEN-RELISH

ZUTATEN

*450 g frische Cranberries*

*225 g Zucker*

*2 Orangen*

*Im Gegensatz zu anderen Relishes wird dieses nicht gekocht und ist daher im Handumdrehen fertig.*

**1** Die Cranberries hacken, in eine nicht-metallische Schüssel geben und den Zucker gründlich untermischen.

**2** Die Orangen ungeschält in Scheiben schneiden, die Kerne entfernen, die Scheiben in der Küchenmaschine fein hacken, zu den Beeren geben und alles vermischen.

**3** Das Relish in sterilisierte Gläser füllen, verschließen, beschriften und kühl stellen. Vor dem Servieren mehrere Stunden kühlen. Im Kühlschrank hält es sich etwa 1 Woche.

**Ergibt etwa 1 kg**

# Möhren-Gurken-Relish

## Zutaten

225 g Möhren

225 g Zwiebeln

675 g Gurken

1 grüne Paprikaschote

1 rote Paprikaschote

2 kleine frische grüne Chilischoten

175 g Meersalz

200 ml Apfelessig

150 g Zucker

1 TL Senfkörner

1 TL Fenchelsamen

*Dieses appetitanregende Relish ist sehr beliebt. Es paßt zu kaltem Fleisch, Huhn, Hamburger, gegrilltem Fleisch und Quiche. Das Glas nach dem Öffnen im Kühlschrank aufbewahren.*

**1** Die Möhren schälen und grob raspeln. Die Zwiebeln schälen und fein hacken. Die Gurken fein würfeln. Die Paprikaschoten und Chillies von Stielansatz, Samen und Scheidewänden befreien und hacken.

**2** Mit dem Salz lagenweise in eine große, nicht-metallische Schüssel geben und über Nacht stehen lassen, um das Wasser zu entziehen.

**3** Abtropfen lassen, in einem Kunststoffsieb unter fließendem kaltem Wasser das Salz gründlich abwaschen, abtropfen lassen und zum Aufsaugen der Restfeuchte auf Küchenpapier geben.

**4** Die übrigen Zutaten in einem Topf zum Kochen bringen, die Gemüsemischung zufügen und in 10 Minuten weich köcheln.

**5** Das Relish in vorgewärmte sterilisierte Gläser füllen, verschließen und beschriften. Bis zum Verzehr 2 Wochen an einen kühlen, dunklen Platz stellen.

**Ergibt etwa 1,2 kg**

# Herbstliches Relish

## Zutaten

450 g grüne oder unreife Tomaten

225 g reife Tomaten

1/2 Strunk Grünkohl

2 rote Paprikaschoten

2 grüne Paprikaschoten

2 Selleriestangen

2 Zwiebeln

50 g Meersalz

225 g heller brauner Zucker

900 ml Apfel- oder Weißweinessig

*Dieses Rezept ist ideal, um gegen Ende des Sommers die letzten Gartenfrüchte zu verarbeiten. Das Relish schmeckt gut zu Fleisch und Geflügel sowie zu pikantem Käse, zum Beispiel zu reifem Cheddar.*

**1** Tomaten und Kohl grob hacken. Die Stengelansätze der Paprikaschoten kreisförmig ausschneiden und entfernen, die Schoten längs halbieren, die Samen und Scheidewände entfernen und das Fruchtfleisch grob würfeln. Den Sellerie hacken, die Zwiebeln schälen und hacken.

**2** Das Gemüse mit dem Salz lagenweise in eine große, nicht-metallische Schüssel geben, über Nacht stehen lassen, um das Wasser zu entziehen.

**3** Abtropfen lassen, in einem Kunststoffsieb unter fließendem kaltem Wasser abspülen, abtropfen lassen und zum Trocknen auf Küchenpapier geben. Das Gemüse in einen großen Topf geben, Zucker und Essig hinzufügen, umrühren und die Mischung 1 Stunde leise köcheln lassen, bis das Gemüse gar ist.

**4** Das Relish in sterilisierte, vorgewärmte Gläser füllen, verschließen und beschriften. An einem kühlen, dunklen Platz 2 Wochen ruhen lassen, damit sich der volle Geschmack entwickelt.

**Ergibt etwa 2 kg**

# Kostbare Öle und Essige

# Aromatisierte Öle

Wohl jeder, der gern ißt, freut sich über eine Flasche Öl, mit gekonnt zusammengestellten würzenden Zutaten aromatisiert. Fast alle Kräuter und Gewürze sind hierfür geeignet, ebenso aromatische Früchte wie Orangen, Zitronen oder Limetten. Blühende Kräuter wie Rosmarin oder Thymian, zuletzt in die Flasche gegeben, sind zusätzlich fürs Auge schön. Der Handel bietet heute eine breite Auswahl an Ölen in verschiedenen Geschmacksrichtungen. Maiskeim-, Raps-, Distel- und Sonnenblumenöl schmecken sehr dezent und eignen sich damit gut als Basis für ein kräftiges Kräuter- oder Gewürzöl. Kostbare Erzeugnisse wie Walnuß-, Haselnußöl, das in der indischen Küche verwendete Senföl und das für die brasilianische Küche typische orangefarbene, nussig schmeckende Palmöl sind aufgrund ihres ausgeprägten Aromas nicht geeignet. Sehr schmackhafte aromatisierte Ölvariationen ergibt hingegen das Olivenöl und hier insbesondere das unraffinierte Öl der ersten Pressung, am Zusatz »extra vergine« zu erkennen. Aromatisierte Öle verfeinern Marinaden und Dressings, pfannengerührte Gerichte und jede Zubereitung, in der sonst normales Öl verwendet würde, sofern natürlich die Geschmacksrichtung des Öls zu den übrigen Zutaten paßt. Oft genügt es, das Öl erst ganz zum Schluß der Zubereitung dem jeweiligen Gericht zuzufügen, wie es die Ostasiaten mit dem Sesamöl handhaben.

## Aromatisierte Öle herstellen

♦ Zunächst die Flaschen sterilisieren (siehe Seite 11). Da eine angebrochene Flasche Öl leicht ranzig wird, lieber kleinere Flaschen verwenden, die schnell verbraucht sind.

♦ Kräuter müssen möglichst frisch sein. Sie werden zum Aufsaugen überschüssiger Feuchtigkeit kurz auf Küchenpapier gelegt und anschließend leicht gedrückt, damit sie sogleich ihre Aromastoffe abgeben. Auch getrocknete Gewürze wie Stangenzimt, Pfefferkörner und Chilischoten sollten möglichst frisch sein, denn nur dann entfalten sie ein gutes Aroma. Frische Knoblauchzehen in kleinen Mengen verleihen dem Öl eine pikante Schärfe (im Kühlschrank lagern und innerhalb von 2 Wochen verbrauchen).

♦ Die vorbereiteten würzenden Zutaten in die Flaschen geben und mit dem Öl vollständig bedecken (so kann sich kein Schimmel bilden). Die Flaschen verschließen.

♦ Die Flaschen 2 Wochen an einen kühlen, dunklen Platz stellen, wo sich das Aroma langsam entfaltet und intensiviert. Gelegentlich kosten und, besonders wenn sich Zutaten am Boden absetzen, die Flaschen hin und wieder schütteln. Wenn Sie die Geschmacksentfaltung stoppen oder die Haltbarkeit des Öls verlängern möchten, das Öl durch ein doppelt gelegtes Mulltuch in frisch sterilisierte Flaschen abgießen. Zur Zierde und um den Inhalt kenntlich zu machen, können in Kräuteröle ein frischer Kräuterzweig, in Zitrusöle ein spiralförmig abgeschältes Stück Schale gegeben werden.

**VERSCHLIESSEN UND LAGERN**

Die Flaschen mit sauberen Schraubverschlüssen fest verschließen und im Kühlschrank aufbewahren. Öle mit getrockneten Zutaten halten sich etwa 6 Monate, Öle mit frischen Zutaten wie Kräutern oder Früchten dagegen nur etwa 3 Monate.

**PANNEN UND IHRE URSACHEN**

Aromatisierte Öle trüben sich, wenn die würzenden Zutaten zuviel Wasser enthalten, wie zum Beispiel bei Zwiebeln. Getrübtes Öl möglichst rasch verbrauchen, da es schnell ranzig werden kann. Auch eine unsachgemäße Lagerung, ein ungeeigneter Verschluß oder Licht- und Hitzeeinwirkung können bewirken, daß Öl ranzig wird.

# FEURIGES CHILI-ÖL

*Feuerrote Chilischoten verleihen dem Öl einen pikanten Geschmack und eine faszinierende Farbe. Die Schärfe läßt sich durch weniger Schoten mildern oder durch Entfernen der Samen steuern; sie enthalten die Scharfstoffe, je mehr entfernt werden, desto milder wird das Öl. Verwenden Sie Chili-Öl zum Anschwitzen von Zwiebeln und Knoblauch, zu Aufläufen oder Suppen, oder geben Sie es an Salatdressings.*

## ZUTATEN

*12 getrocknete rote Chilischoten*

*1/2 l Raps- oder Maiskeimöl*

*1 1/2 EL Cayennepfeffer*

*2 EL Sesamöl aus geröstetem Sesam*

***Ergibt etwa 1/2 l***

1 ◀ Die Chilischoten fein hacken, mit dem Öl in einen mittelgroßen Topf geben und 10 Minuten bei sehr niedriger Temperatur erhitzen (das Öl darf nicht zu heiß werden, da sonst seine Haltbarkeit beeinträchtigt wird). Den Topf vom Herd nehmen und abkühlen lassen.

2 ◀ Cayennepfeffer und Sesamöl einrühren, zugedeckt 12 Stunden stehen lassen, damit sich der Geschmack entwickeln kann.

3 ▶ Einen Trichter mit einem doppelt gelegten Mulltuch auskleiden und das Öl bis 3 mm unter den Rand in eine sterilisierte Flasche abgießen.

4 Nach Belieben 2–3 rote Chillies hineingeben, die Flasche verschließen und beschriften. Das Öl kann sofort verwendet werden.

**Verwechslung ausgeschlossen**
*Getrocknete ganze Chillies, nach dem Abfüllen ins Öl gegeben, schließen jede Verwechslung aus.*

**Nützlicher Tip** Da die Chillies im Öl leicht erwärmt werden, geben sie sofort ihre Geschmacksstoffe ab. Dadurch kann das Öl sofort verwendet werden, ohne ruhen zu müssen.

## Anatto-Öl

**Zutaten**

*$^1/_4$ l Raps- oder Maiskeimöl*

*50 g Anattosamen*

*Dieses Öl, das auf Spanisch* aceite de achiote *heißt, eignet sich zum Sautieren von Fisch, Schaltieren, Geflügel und Gemüse.*

**1** Das Öl mit den Anattosamen in einem kleinen Topf mit schwerem Boden bei niedriger Temperatur 1–5 Minuten unter gelegentlichem Rühren erhitzen, bis es einen intensiven Orangeton annimmt (wie schnell die Samen ihre Farbstoffe freigeben, hängt von der Frische der Samen ab). Sobald das Orange in einen Goldton übergeht, den Topf vom Herd nehmen und abkühlen lassen.

**2** Einen Trichter mit einem doppelten Mulltuch auslegen und das Öl bis 3 mm unter den Rand in eine sterilisierte Flasche abgießen.

**3** Die Flasche verschließen und beschriften.

**Ergibt etwa $^1/_4$ l**

**Schon gewußt?**

Die winzigen, dreieckigen Anattosamen stammen von dem großen, blühenden Anatto- oder Orleansstrauch – in der Karibik, Mittel- und Südamerika beheimatet. Sie verleihen Öl eine Goldfärbung und ein feinwürziges Aroma.

## Paprika-Öl

**Zutaten**

*4 EL edelsüßes Paprikapulver*

*1 l Olivenöl »extra vergine«*

**Improvisierter Trichter**
*Ein solcher Trichter aus Papier oder Folie ist praktisch, um gemahlene Gewürze in Gefäße zu füllen.*

**1** Das Paprikapulver gleichmäßig auf die Anzahl der verwendeten Flaschen verteilen und mit Hilfe eines Papiertrichters (siehe Bild links) in die Flaschen geben.

**2** Die Flaschen bis 3 mm unter den Rand mit dem Olivenöl füllen. Dazu am besten einen einfachen Trichter verwenden.

**3** Die Flaschen verschließen, kräftig schütteln und für 1 Woche an einen kühlen, dunklen Platz stellen, damit sich der volle Geschmack entwickeln kann. Wiederholt schütteln.

**4** Einen Trichter mit einem doppelt gelegten Mulltuch auskleiden, das Öl in frisch sterilisierte Flaschen abgießen, verschließen und beschriften. Es kann sofort verwendet werden.

**Ergibt etwa 1 l**

## Orangen-Koriander-Öl

**Zutaten**

*2 EL Koriandersamen*

*4 Streifen getrocknete Orangenschale (siehe Kasten rechts)*

*1 l Olivenöl »extra vergine«*

**1** Die Koriandersamen entweder mit dem Stößel im Mörser zerstoßen oder mit einem Nudelholz leicht zerdrücken, um sie aufzubrechen, sie dürfen aber nicht völlig zerbröseln. Gleichmäßig in sterilisierte Flaschen verteilen.

**2** Die Orangenschale, falls erforderlich, klein schneiden, so daß sie durch den Flaschenhals paßt, zum Koriander geben und die Flaschen bis 3 mm unter den Rand mit Olivenöl auffüllen.

**3** Die Flaschen verschließen, beschriften, kräftig schütteln und 1 Woche an einen kühlen, dunklen Platz stellen, zwischendurch mehrfach schütteln.

**Ergibt etwa 1 l**

**Nützlicher Tip**

Um getrocknete Orangenschale selbst herzustellen, den Backofen auf kleinster Stufe vorheizen. Die Orangenschale in dünnen Streifen fein abschälen und etwa 1 $^1/_4$ Stunden im Ofen trocknen.

# Kräuteröl

**Zutaten**

*2 frische Rosmarinzweige*

*2 frische Thymianzweige*

*2 Perlzwiebeln*

*2 Lorbeerblätter*

*12 schwarze Pfefferkörner*

*1 l Olivenöl »extra vergine«*

**1** Rosmarin und Thymian leicht zerdrücken, um die Aromastoffe aufzuschließen. Die Perlzwiebeln schälen und in feine Scheiben schneiden.

**2** Zusammen mit den Lorbeerblättern und den Pfefferkörnern in 2 sterilisierte Flaschen verteilen.

**3** Bis 3 mm unter den Rand mit dem Öl auffüllen, wobei die würzenden Zutaten vollständig bedeckt sein müssen.

**4** Die Flaschen verschließen, gründlich schütteln, beschriften und 2 Wochen an einen kühlen, dunklen Platz stellen, damit sich das Aroma voll entfalten kann, zwischendurch mehrmals schütteln.

**Ergibt etwa 1 l**

# Duftendes Thai-Öl

**Zutaten**

*4–6 Stengel frisches Koriandergrün (Cilantro)*

*6 Stücke frisches Zitronengras*

*4 getrocknete rote Chilischoten*

*1 l Raps- oder Maiskeimöl*

**1** Cilantro und Zitronengras mit einer flachen Messerklinge leicht zerdrücken, um ihre Aromastoffe freizusetzen.

**2** Zusammen mit den Chilischoten gleichmäßig in mehrere kleine sterilisierte Flaschen oder zwei 1/2-l-Flaschen verteilen und bis 3 mm unter den Rand das Öl hinzugießen.

**3** Die Flaschen verschließen und energisch schütteln. Beschriften und 2 Wochen an einem kühlen, dunklen Platz ruhen lassen. Danach den Cilantro und das Zitronengras entfernen.

**Ergibt etwa 1 l**

# Indisches Gewürzöl

**Zutaten**

*1 TL Garam Masala (Rezept Seite 125)*

*1/2 TL Knoblauchpulver*

*1/2 TL gemahlener Koriander*

*1/2 TL gemahlener Kreuzkümmel*

*1/2 TL Chilipulver*

*1/2 TL gemahlenes Kurkuma*

*2 TL getrocknete Bockshornkleeblätter*

*2 ganze Gewürznelken*

*1 l Raps- oder Maiskeimöl*

*Dieses würzige Öl verleiht marinierten oder pfannengerührten Zubereitungen einen kräftigen Geschmack und paßt auch gut zu gegrillten Steaks und Hühnchen.*

**1** Alle Gewürzpulver in einer kleinen Schüssel gründlich vermischen. Jeweils die Hälfte der Mischung mit Hilfe eines Trichters in zwei sterilisierte Flaschen füllen. Bockshornklee und Nelken dazugeben.

**2** Bis 3 mm unter den Rand mit Öl auffüllen, verschließen und kräftig schütteln. 1–2 Wochen an einen kühlen, dunklen Platz stellen, damit sich das volle Aroma entwickeln kann, gelegentlich schütteln.

**3** Einen Trichter mit einem doppelten Mulltuch auslegen, das Öl in zwei frisch sterilisierte Flaschen abgießen, verschließen und beschriften.

**Ergibt etwa 1 l**

**Von links nach rechts:**
*Duftendes Thai-Öl, Paprika-Öl und Kräuteröl*

# Italienisches Öl

**Zutaten**

*4 frische Salbeiblätter*

*4–6 frische Basilikumstengel*

*12 schwarze Pfefferkörner*

*1 l Olivenöl »extra vergine«*

*Das erdige Aroma des Salbeis und der süßliche Duft von Basilikum sind mit der italienischen Küche untrennbar verbunden. Verwenden Sie dieses Öl zum Aromatisieren von Pasta, oder träufeln Sie es über Mozzarella mit Tomaten.*

**1** Salbei und Basilikum leicht zerdrücken, um die Geschmacksstoffe freizusetzen. Kräuter und Pfefferkörner gleichmäßig in sterilisierte Flaschen verteilen und mit Olivenöl bis 3 mm unter den Rand auffüllen.

**2** Die Flaschen verschließen, kräftig schütteln, beschriften, 2 Wochen an einen kühlen, dunklen Platz stellen, zwischendurch schütteln.

**Ergibt etwa 1 l**

# Provençalisches Öl

**Zutaten**

*25 g gemischte frische Kräuter und Gewürze*

*1 Lorbeerblatt*

*1 getrocknete rote Chilischote*

*600 ml Olivenöl »extra vergine«*

*Eine reichhaltige Mischung von Kräutern und Gewürzen verleiht diesem Öl ein Aroma, das einen unweigerlich an den Süden Frankreichs denken läßt. Sie können nach Belieben auch mit anderen Kräuter- und Gewürzkombinationen experimentieren.*

**1** Kräuter (Fenchelgrün, Oregano, Estragon, Thymian, Rosmarin, Koriandersamen) und Gewürze in eine sterilisierte Flasche geben und bis 3 mm unter den Rand Olivenöl hinzugießen.

**2** Die Flasche verschließen, kräftig schütteln, beschriften und 2 Wochen an einen kühlen, dunklen Platz stellen, damit sich das volle Aroma entfalten kann, gelegentlich schütteln.

**Ergibt etwa 600 ml**

# Rosmarinöl

**Zutaten**

*4–6 große frische Rosmarinzweige*

*1 l Olivenöl »extra vergine«*

*Diese Grundvariante läßt sich ebenso mit anderen Kräutern herstellen, zum Beispiel mit Zitronenmelisse, Estragon, Majoran, Oregano, Minze oder Thymian. Um ein stärkeres Aroma zu erzielen, die Kräutermenge erhöhen und das Öl länger ziehen lassen.*

**1** Die Rosmarinzweige leicht drücken (siehe Kasten unten), um ihre Aromastoffe zu erschließen.

**2** Den Rosmarin gleichmäßig in sterilisierte Flaschen verteilen und mit dem Olivenöl bedecken – es darf höchstens bis 3 mm unter den Rand reichen.

**3** Die Flaschen verschließen, kräftig schütteln, beschriften und 2 Wochen an einen kühlen, dunklen Platz stellen, so daß sich das Aroma voll entwickelt.

**Ergibt etwa 1 l**

**Schon gewußt?** Damit frische Kräuter ein möglichst intensives Aroma entwickeln, werden sie zunächst leicht gedrückt. Dafür die Kräuter auf ein Schneidbrett geben, eine große Messerklinge flach auflegen und nach unten drücken.

# In Öl eingelegt

Olivenöl ist mit seinem vollen, fruchtigen Aroma geradezu wie geschaffen, um Nahrungsmittel darin einzulegen. Artischockenherzen, Sardellen, Sardinen oder auch Thunfisch in Olivenöl sind aus den Regalen der Lebensmittelläden nicht mehr wegzudenken. Der pikant-salzige Geschmack von Sardellen in einem »Cäsar-Salat« oder die saftigen Thunfischstücke in einem »Nizza-Salat« wären nicht denkbar ohne das Öl, um solcherlei Zutaten einzulegen. Auch Oliven, Champignons, Feta und Ziegenkäse sowie Zitronen erhalten, in köstlichem Öl eingelegt, eine völlig neue Qualität. Machen Sie sich und anderen ein Geschenk, indem Sie sie in besonders schöne Gläser füllen, mit Kräutern und Gewürzen aromatisieren, die ihren Geschmack noch besser zur Entfaltung bringen, und das Ganze schließlich mit Öl übergießen. Genießen Sie diese Delikatessen in Salaten, als Vorspeise oder als Beilage. Auch getrocknete Tomaten leben in Olivenöl erst richtig auf, und bald schon bildet ihr intensives Aroma den Clou in einem Pizzabelag, in der Füllung einer Quiche oder in einer Pastasauce. Doch damit nicht genug! Während das Öl die Nahrungsmittel frisch erhält, geben diese ihren Geschmack an das Öl ab, das sich vorzüglich zum Kochen und für Dressings verwenden läßt.

## Vorräte in Öl herstellen

♦ Welches Öl Sie verwenden, hängt davon ab, ob Sie einen kräftigeren oder dezenteren Geschmack bevorzugen. Gewöhnliches Olivenöl ist viel milder als solches aus erster Pressung (»extra vergine«). Maiskeimöl und Sonnenblumenöl sind ideal, wenn ein geschmacksneutrales Öl benötigt wird. Nußöle sind ungeeignet, weil sie in der Regel viel schneller ranzig werden als andere Öle.

♦ Die Zutaten auswählen. Gemüse kann in Öl eingelegt werden, wenn es sich zuvor entwässern läßt. Die gebräuchlichsten Methoden hierfür sind das Einsalzen (Oliven und Zitronen) und das Trocknen (Pilze und Tomaten). Pilzen läßt sich auch durch Kochen die Feuchtigkeit entziehen. Feta und Ziegenkäse lassen sich hervorragend in Olivenöl einlegen; wenn der Käse aufgegessen ist, kann das aromatisierte Öl zum Kochen oder für Dressings verwendet werden. Duftende Küchenkräuter und herzhafte Gewürze, passend zu den übrigen Zutaten ausgewählt, runden das Ganze geschmacklich ab.

♦ Die Zutaten mit den Kräutern und Gewürzen in trockene sterilisierte Gläser geben (siehe Seite 11) und bis dicht unter dem Rand mit Olivenöl auffüllen, wobei alle Zutaten vollständig bedeckt werden müssen.

♦ 1 Woche an einen kühlen, dunklen Platz stellen, damit das Öl seine konservierende Wirkung entfalten und die Zutaten geschmacklich anreichern kann, die ihrerseits ihr Aroma ans Öl abgeben. Je länger die Ruhezeit, desto intensiver die Geschmacksentwicklung.

**VERSCHLIESSEN UND LAGERN**

Die Gläser mit kunststoffbeschichteten Schraubdeckeln fest verschließen und an einem kühlen, dunklen Platz oder im Kühlschrank lagern. Vorräte in Öl halten sich bis zu 3 Monate. Vorräte in Öl, die Knoblauch enthalten, sollten grundsätzlich im Kühlschrank aufbewahrt und innerhalb von 1–2 Wochen verbraucht werden. Bei teilweiser Entnahme darauf achten, daß der Glasinhalt stets großzügig mit Öl bedeckt ist.

**PANNEN UND IHRE URSACHEN**

Falls das Öl schnell ranzig wird, wurden die Gläser an einem zu hellen Platz aufbewahrt. Oder es wurde Öl aus einer Flasche verwendet, die bereits geöffnet war. Achten Sie auf das Knacken des Schraubverschlusses beim Öffnen einer Flasche, um sicherzugehen, daß das Öl wirklich frisch ist. Schimmelbildung im Glas kann darauf zurückzuführen sein, daß der Inhalt nicht vollständig mit Öl bedeckt war.

# GRIECHISCHE OLIVEN IN ÖL

*Olivenöl mit seinem erdigen Aroma und Geschmack bildet die perfekte Ergänzung zu den dicken, saftigen Kalamata-Oliven. Bei diesem Rezept erfüllt es eine Doppelrolle: Es konserviert die Oliven und nimmt zugleich ihren Geschmack an, so daß später – nach dem Verzehr der herrlichen Oliven – ein besonders wohlschmeckendes Öl zum Kochen bleibt.*

## ZUTATEN

*675 g schwarze Kalamata-Oliven in Salzlake*

*1 TL Koriandersamen*

*1 großer frischer Rosmarinzweig*

*300–350 ml Olivenöl »extra vergine«*

***Ergibt 1 Glas von 1 l***

1 Die Oliven in einem Sieb abtropfen lassen, unter fließendem kaltem Wasser gründlich abspülen, erneut abtropfen und auf Küchenpapier trocknen lassen.

2 ◀ Die Koriandersamen entweder im Mörser mit dem Stößel oder mit dem Ende eines Nudelholzes nur ausdrücken oder ganz leicht zerstoßen, ohne sie jedoch zu zerbröseln.

3 ▶ Die Oliven bis 2 cm unter den Rand in ein sterilisiertes Glas füllen und zwischendurch den Koriander einstreuen. Den Rosmarinzweig seitlich ins Glas schieben.

4 ▲ Bis fast zum Rand mit Olivenöl füllen – die Oliven müssen 1 cm hoch bedeckt sein. Mit einem Metallspieß Luftblasen beseitigen.

5 Das Glas verschließen, beschriften und für mindestens 1 Woche an einen kühlen, dunklen Platz stellen, damit sich die Aromen vermischen können.

## Feurige Zitronenscheiben in Olivenöl

Zutaten

*6 unbehandelte Zitronen (insgesamt etwa 675 g)*

*100 g Meersalz*

*2 getrocknete rote Chilischoten*

*2 Lorbeerblätter*

*5 TL Paprikapulver*

*1 TL Chilipulver*

*300 ml Olivenöl »extra vergine«*

1 Die Zitronen in gleichmäßige, etwa 5 mm dicke Scheiben schneiden und alle Kerne entfernen.

2 Die Scheiben nebeneinander in eine flache, nicht-metallische Schüssel geben, mit dem Salz bestreuen und zugedeckt 24 Stunden stehen lassen, um ihnen überschüssige Feuchtigkeit zu entziehen.

3 Abtropfen lassen, wobei das Salz als Kruste auf der Oberfläche verbleiben soll. Die Chillies grob hacken, die Lorbeerblätter zerbröseln und beides in einer kleinen Schüssel mit dem Paprika- und Chilipulver vermischen.

4 Die überkrusteten Zitronenscheiben bis 2 cm unter den Rand in sterilisierte Gläser schichten, dabei die Gewürzmischung gleichmäßig zwischen die Lagen verteilen.

5 Die Gläser beinahe bis zum Rand mit Olivenöl auffüllen, so daß die Zitronen 1 cm hoch bedeckt sind, verschließen und beschriften. An einem kühlen, dunklen Ort mindestens 1 Woche ziehen lassen.

**Ergibt 2 Gläser von etwa 480 ml**

## Getrocknete Tomaten in Olivenöl

Zutaten

*50 g sonnengetrocknete Tomaten*

*2 Lorbeerblätter*

*200 ml Olivenöl »extra vergine«*

1 Die Tomaten in einer Schüssel mit kochendem Wasser bedecken, nach 5 Minuten gründlich abtropfen lassen und mit Küchenpapier trockentupfen.

2 Die Tomaten bis 2 cm unter den Rand in sterilisierte Gläser füllen und die Lorbeerblätter dazwischenschieben. Olivenöl bis fast zum Glasrand hinzugießen – die Tomaten müssen 1 cm hoch bedeckt sein.

3 Die Gläser verschließen, beschriften und für mindestens 2 Wochen an einen kühlen, dunklen Platz stellen.

**Ergibt 2 Gläser von etwa 175 ml**

## Champignons in Olivenöl

Zutaten

*675 g Champignons*

*1/2 l Olivenöl »extra vergine«*

*Saft von 4 Zitronen*

*12 schwarze Pfefferkörner*

*4 Knoblauchzehen, geschält*

*2 Lorbeerblätter*

*Kleine Champignons mit geschlossenen Hüten sind für dieses Rezept besonders geeignet.*

1 Die Champignonstiele bis zum Hutansatz einkürzen. Die Pilze in eine Schüssel geben, die Hälfte des Öls und die restlichen Zutaten einrühren. 3–4 Stunden ruhen lassen.

2 Die Pilzmischung in einem Topf zum Kochen bringen und unter gelegentlichem Rühren 15 Minuten köcheln lassen. Vom Herd nehmen und abkühlen lassen.

3 Die Champignons in einem Kunststoffsieb abtropfen, auf Küchenpapier trocknen lassen und bis 2 cm unter den Rand in ein sterilisiertes Glas einfüllen. Die Pilze 1 cm hoch mit dem restlichen Öl bedecken. Das Glas verschließen, beschriften, im Kühlschrank aufbewahren und binnen 2 Wochen verbrauchen.

**Ergibt 1 Glas von 1 l**

**Nützlicher Tip**

Feste, aber saftige Champignons ohne feuchte Stellen auswählen und mit einem feuchten Küchentuch sauber abreiben (besser als sie zu waschen).

## ZIEGENKÄSE MIT KRÄUTERN IN ÖL

**ZUTATEN**

*2 kleine runde Ziegenkäse von je etwa 75 g*

*3 frische Thymianzweige*

*3 Lorbeerblätter*

*6 schwarze Pfefferkörner*

*1/4 l Olivenöl »extra vergine«*

*In 2–3 Wochen teilen Käse und Öl einander gegenseitig ihre Aromen mit. Geben Sie den Käse an Salat oder auf knuspriges Baguette, verwenden Sie das Öl zum Kochen.*

**1** Die Käselaibe vierteln und die Stücke in ein sterilisiertes Glas einschichten, zwischendrin die Kräuter und Gewürze verteilen.

**2** Den Käse 1 cm hoch mit Olivenöl bedecken.

**3** Das Glas verschließen, beschriften und 2–3 Wochen an einen kühlen, dunklen Platz stellen, damit sich das volle Aroma entwickelt.

**Ergibt 1 Glas von 350 ml**

## PROVENÇALISCHE OLIVEN IN AROMATISCHEM ÖL

**ZUTATEN**

*675 g grüne Tanche-Oliven in Salzlake*

*1 TL Fenchelsamen*

*4 frische Thymianzweige*

*3 Lorbeerblätter*

*etwa 350 ml Olivenöl »extra vergine«*

**1** Die Oliven in einem Sieb abtropfen lassen, unter fließendem kaltem Wasser sorgfältig abspülen und zum Trocknen auf Küchenpapier geben.

**2** In ein sterilisiertes Glas füllen und die Fenchelsamen, Thymianzweige und Lorbeerblätter gleichmäßig dazwischen verteilen.

**3** Das Ganze 1 cm hoch mit Olivenöl bedecken und mit einem Metallspieß Luftblasen entfernen, ohne die Oliven zu verletzen.

**4** Das Glas verschließen, beschriften und für 1–2 Wochen an einen kühlen, dunklen Platz stellen.

**Ergibt 1 Glas von 1,2 l**

**Schon gewußt?**
Tanche-Oliven stammen aus der Provence. Falls sie nicht zu bekommen sind, nehmen Sie andere grüne oder schwarze Oliven.

## FETA MIT ROSMARIN IN OLIVENÖL

**ZUTATEN**

*175 g Feta (griechischer Schafkäse)*

*4–6 frische Rosmarinzweige*

*12 schwarze Pfefferkörner*

*12 schwarze Oliven*

*1/4 l Olivenöl »extra vergine«*

**1** Den Käse abtropfen lassen, mit Küchenpapier trockentupfen und in 2 cm große Würfel schneiden.

**2** Die Käsewürfel bis 2 cm unter den Rand in sterilisierte Gläser füllen und dazwischen den Rosmarin, die Pfefferkörner und die Oliven verteilen.

**3** Den Glasinhalt 1 cm hoch mit dem Olivenöl bedecken.

**4** Die Gläser verschließen, beschriften und mindestens 1 Woche an einem kühlen, dunklen Ort ruhen lassen.

**Ergibt 2 Gläser von etwa 1/4 l**

**Griechische Lebensart**
*Servieren Sie Feta mit Rosmarin in Olivenöl als leichtes Mittagessen. Ein frisches Fladenbrot paßt perfekt dazu.*

# Aromatisierte Essige

Essig ist in allen Küchen der Welt zu Hause und spielt dabei die verschiedensten Rollen. Er ist eine unverzichtbare Zutat für herzhafte Pickles, fungiert als Zartmacher für Fleisch und liefert die Basis für Vinaigrettes. Die Angebotspalette umfaßt verschiedene Grundtypen, angefangen vom delikaten japanischen Reisessig über scharfe Weinessige und kräftige Malzessige bis hin zum kostbaren »aceto balsamico«, dem berühmten italienischen Balsamessig aus Modena. Würzende Zutaten ergeben eine Fülle geschmacklicher und farblicher Varianten. Kräuter, Früchte, Gewürze – alles läßt sich zum Aromatisieren von Essig verwenden. Ein Spritzer Essig mit der passenden Geschmacksnuance verleiht Suppen, Eintöpfen und Aufläufen mehr Pfiff und, kombiniert mit anderen geschmackgebenden Zutaten, ergibt die interessantesten Marinaden für Fleisch, Geflügel, Fisch und Meeresfrüchte.

## Aromatisierte Essige herstellen

♦ Schlichte Flaschen aus transparentem Glas bringen die Farben der Essige und die eingelegten Würzen am wirkungsvollsten zur Geltung. Die Flaschen sterilisieren und vor dem Einfüllen sorgfältig trocknen (siehe Seite 11).

♦ Hochwertigen Essig mit einem Säuregehalt von mindestens 5 % verwenden. Für Einlege-Essig eignet sich Malzessig. Aromatisierte Essige für Salatdressings und zum Kochen sollten mit Wein-, Sherry- oder Apfelessig zubereitet werden.

♦ Die würzenden Zutaten auswählen. Für Kräuteressige verwenden Sie frische Kräuter, die möglichst vor der Blüte geerntet wurden. Einzeln oder in Kombinationen verwenden, dabei so mischen, daß sich pikante und dezente Aromen vereinen. Obstessige werden gewöhnlich mit weichen Früchten wie Himbeeren, Heidelbeeren oder Brombeeren oder aber mit Zitrusfrüchten zubereitet. Oder Knoblauch, getrocknete Chilischoten und Gewürze hinzufügen.

♦ Die Zutaten, falls erforderlich, waschen und trockentupfen. Kräuter, Früchte und Gewürze eventuell leicht zerdrücken, um ihre Aromastoffe freizusetzen.

♦ Die Zutaten in Flaschen füllen und fast bis zum Rand den Essig eingießen.

♦ Die Flaschen verschließen, 2 Wochen ruhen lassen, damit sich das Aroma voll entfalten kann (Essig, der gekocht wurde, kann sofort verwendet werden).

♦ Durchseihen des Essigs nach der Ruheperiode erhöht seine Haltbarkeit, außerdem werden dabei Trübstoffe ausgefiltert. Um einen wirklich klaren Essig zu erhalten, muß eventuell mehrmals gefiltert werden. Nach dem erneuten Abfüllen können einige frische Zutaten hineingegeben werden, was sehr dekorativ aussieht und auch die Identifizierung erleichtert. Anschließend die Flaschen wieder fest verschließen.

**VERSCHLIESSEN UND LAGERN**

Die Flaschen mit sauberen Schraubverschlüssen oder neuen Korken verschließen. Letztere sind nur für eine kürzere Aufbewahrung geeignet und müssen sterilisiert werden. Dafür die Korken nach dem Zuschneiden einige Minuten in kochendes Wasser geben, wodurch sie zugleich weicher werden. Die Korken mit einem Holzhammer so weit in den Flaschenhals treiben, daß sie nur noch 5 mm weit herausragen. Aromatisierte Essige lassen sich etwa 12 Monate lagern, wenn sie gefiltert wurden. Bei Verwendung einer größeren Menge von Kräutern oder Knoblauch und ungefiltert halten sie sich nicht so lange.

**PANNEN UND IHRE URSACHEN**

Bei zu warmer Lagerung kann Essig in Gärung übergehen und der Geschmack beeinträchtigt werden. Vergorene Essige oder solche mit unappetitlichem Aussehen oder Geschmack weggießen. Essig kann sich verflüchtigen, wenn die Flasche nicht luftdicht verschlossen ist.

# HEIDELBEER-KRÄUTER-ESSIG

*Geschmacklich wie auch farblich verheißt dieser Essig, in dem Heidelbeeren, Basilikum und rosa Schnittlauchblüten den Ton angeben, ein besonderes kulinarisches Erlebnis. Verwenden Sie entweder nur eine Basilikumsorte oder das milde grüne, kombiniert mit dem roten »dark opal«. In schlanken Flaschen wirkt der Essig besonders ansprechend.*

## ZUTATEN

*1 großes Bund frisches Basilikum*

*450 g Heidelbeeren*

*1 l Weißweinessig*

*1 EL frisch gehackter Schnittlauch*

*frische Schnittlauchblüten und Heidelbeeren*

***Ergibt etwa 900 ml***

1 ▲ Die Basilikumblätter von den Stielen zupfen und mit den Fingern in kleine Stücke zerpflücken.

2 ▲ Die Heidelbeeren mit etwas Essig in eine Glasschüssel geben und mit dem Rücken eines Holzlöffels sanft zerdrücken.

*Leicht rühren, um die Aromen und Farben zu vermischen.*

3 ◀ Den restlichen Essig, Basilikum und Schnittlauch untermischen, in ein sterilisiertes Glas füllen, verschließen, kräftig schütteln. 4 Wochen an einen kühlen, dunklen Platz stellen, damit sich die Aromen vereinen, gelegentlich schütteln.

4 ▶ Einen Trichter mit einem doppelten Mulltuch auslegen und den Essig bis 3 mm unter den Rand in sterilisierte Flaschen füllen. In jede Flasche zur Dekoration eine frische Schnittlauchblüte und einige Heidelbeeren geben. Die Flaschen verschließen und beschriften. Der Essig kann jetzt verwendet werden.

# Essig mit Kräutern der Provence

**ZUTATEN**

*4 große frische Rosmarinzweige*

*4 große frische Estragonstengel*

*4 frische Thymianzweige*

*6 frische Lorbeerblätter*

*2 Prisen Fenchelsamen*

*1 l Rotweinessig*

*Die für den Süden Frankreichs typischen Aromen verleihen Rotweinessig einen unverwechselbaren Geschmack.*

**1** Rosmarin, Estragon, Thymian und Lorbeer leicht drücken, um die Geschmacksstoffe freizusetzen. Mit den Fenchelsamen in ein sterilisiertes Glas geben, mit dem Essig übergießen.

**2** Das Glas verschließen, kräftig schütteln und 2–3 Wochen an einen kühlen, dunklen Ort stellen, damit sich das volles Aroma entfalten kann, dabei wiederholt schütteln.

**3** Einen Trichter mit einem doppelt gelegten Mulltuch auskleiden, den Essig bis 3 mm unter den Rand in sterilisierte Flaschen gießen, diese verschließen und beschriften. Der Essig kann sofort verwendet werden.

**Ergibt etwa 1 l**

**Schon gewußt?**

Die französische Bezeichnung für Essig – vinaigre – bedeutet soviel wie saurer Wein. Die Hälfte des in Frankreich erzeugten Weinessigs stammt aus der Stadt Orléans, im Loire-Tal gelegen.

# Würziger Brombeeressig

**ZUTATEN**

*1 kg Brombeeren*

*2 Stück Zimtstangen*

*2 TL Pimentkörner*

*2 TL ganze Gewürznelken*

*600 ml Weißweinessig*

*450 g Zucker*

*einige frische Brombeeren als Dekoration*

**1** Die Brombeeren verlesen. Die Zimtstangen in Stücke brechen. Alle Gewürze in ein Mulltuch einschlagen und dieses fest verschnüren.

**2** Den Essig mit dem Zucker in einen großen Topf geben und bei niedriger Temperatur rühren, bis der Zucker aufgelöst ist. Den Gewürzbeutel hinzufügen, einmal aufkochen und 5 Minuten leise köcheln lassen.

**3** Die Brombeeren dazugeben und 10 Minuten mitköcheln. Den Topf vom Herd nehmen, völlig erkalten lassen. Den Gewürzbeutel entfernen.

**4** Einen Trichter mit einem doppelten Mulltuch auslegen und den Essig bis 3 mm unter dem Rand in sterilisierte Flaschen gießen. In jede Flasche einige frische Brombeeren geben, die Flaschen verschließen und beschriften. Der Essig ist zum sofortigen Genuß geeignet.

**Ergibt etwa 1 l**

# Orangenessig

**ZUTATEN**

*4 kleine unbehandelte Orangen*

*1 l Weißweinessig*

*frisch abgeschälte Orangenschalenstreifen als Dekoration*

**1** Die Orangenschale mit einem Gemüseschäler hauchdünn ablösen. Die Orangen halbieren und auspressen. Die Schalen mit dem Saft in ein sterilisiertes Glas geben und mit dem Essig übergießen.

**2** Das Glas verschließen und kräftig schütteln und für mindestens 4 Wochen an einen kühlen, dunklen Ort stellen, damit sich die Aromen vermischen, gelegentlich schütteln.

**3** Einen Trichter mit einem doppelten Mulltuch auskleiden und den Essig bis 3 mm unter den Rand in sterilisierte Flaschen füllen.

**4** In jede Flasche 1–2 Stücke von frisch abgeschälten Orangenschalenstreifen geben, die Flaschen verschließen und beschriften. Der Essig ist sofort verwendbar.

**Ergibt etwa 1 l**

## KNOBLAUCHESSIG

### ZUTATEN

*16 Knoblauchzehen*

*Salz*

*1 l Weiß- oder Rotweinessig*

**Knoblauchspießchen**
*2–3 Knoblauchzehen, auf ein Holzspießchen gesteckt und in die Flasche mit dem Knoblauchessig gegeben, sind eine originelle Dekoration.*

*Zum Zerdrücken der Knoblauchzehen eine flache Messerklinge auflegen, etwas aufgestreutes Salz vereinfacht die Sache.*

**1** Die Knoblauchzehen schälen, etwas Salz daraufgeben, leicht zerdrücken, in ein großes sterilisiertes Glas geben und mit dem Essig übergießen.

**2** Verschließen, kräftig schütteln und 2–3 Wochen an einen kühlen, dunklen Platz stellen, zwischendurch schütteln.

**3** Einen Trichter mit einem doppelt gelegten Mulltuch auskleiden, den Essig bis 3 mm unter den Rand in sterilisierte Flaschen abfüllen, verschließen und beschriften. Er kann sogleich verwendet werden.

**Ergibt etwa 1 l**

## ROSMARIN-PIMENT-ESSIG

### ZUTATEN

*3–4 frische Rosmarinzweige*

*1 1/2 TL Pimentkörner*

*1/2 l Rot- oder Weißweinessig*

**1** Die Rosmarinblättchen abstreifen und leicht drücken, um ihre Aromastoffe zu erschließen. Die Pimentkörner im Mörser leicht zerdrücken, jedoch nicht zerkrümeln.

**2** Rosmarin und Piment in ein sterilisiertes Glas geben, den Essig darübergießen, das Glas verschließen, gründlich schütteln. 4 Wochen an einen kühlen, dunklen Ort stellen, gelegentlich schütteln.

**3** Einen Trichter mit einem doppelten Mulltuch auslegen. Den Essig bis 3 mm unter den Rand in eine sterilisierte Flasche abgießen, verschließen und beschriften. Er kann sofort verwendet werden.

**Ergibt etwa 1/2 l**

## GEWÜRZTER EINLEGE-ESSIG

### ZUTATEN

*2 Zimtstangen*

*1/4 Muskatblüte (Macis)*

*4 TL ganze Gewürznelken*

*4 TL Pimentkörner*

*1 EL schwarze Pfefferkörner*

*1,2 l Apfelessig*

*Der Essig dient zum Aromatisieren von Gemüse-Pickles, Chutneys und auch Frucht-Pickles. Köstlich auch als Grundlage für eine Vinaigrette, angerührt mit Olivenöl »extra vergine«.*

**1** Die Gewürze gleichmäßig in 2 sterilisierte Flaschen verteilen und langsam den Essig bis 3 mm unter den Rand angießen.

**2** Die Flaschen verschließen, kräftig schütteln, beschriften und 2 Monate an einen kühlen, dunklen Platz stellen, gelegentlich schütteln. Der Essig kann jetzt verwendet werden.

**Ergibt etwa 1,2 l**

**Nützlicher Tip** Der Essig ist schon nach 24 Stunden brauchbar, wenn er gerade bis zum Siedepunkt erhitzt und dann über die Gewürze gegossen wird. Dennoch sollte auch er noch 1 Woche ruhen.

## Estragonessig

### Zutaten

*1 Bund frischer Estragon (etwa 25 g)*

*1/2 l Weißweinessig*

*Anstelle des Estragons kann auch frischer Kerbel verwendet werden.*

**1** Den Estragon leicht drücken, um sein Aroma freizusetzen, in ein sterilisiertes Glas geben, den Essig eingießen.

**2** Das Glas verschließen, kräftig schütteln, 2–3 Wochen an einen kühlen, dunklen Platz stellen, gelegentlich schütteln.

**3** Einen Trichter mit einem doppelt gelegten Mulltuch auskleiden und den Essig bis 3 mm unter den Rand in eine sterilisierte Flasche abgießen, verschließen und beschriften. Nach Belieben kann dieser Essig sogleich verwendet werden.

**Ergibt etwa 1/2 l**

## Essig mit Kräuterbouquet

### Zutaten

*4 große frische Stengel Petersilie, Rosmarin, Estragon und Thymian*

*12 schwarze Pfefferkörner*

*4 Selleriestangen*

*4–6 Schalotten, je nach Größe*

*1 l Weißweinessig*

**1** Die Kräuter leicht drücken, um ihre Aromastoffe freizusetzen. Die Pfefferkörner im Mörser leicht zerdrücken, aber nicht zu fein. Sellerie und Schalotten in feine Scheiben schneiden.

**2** Alle würzenden Zutaten in ein großes sterilisiertes Glas geben und mit dem Essig bedecken. Das Glas verschließen, kräftig schütteln und 2–3 Wochen an einen kühlen, dunklen Ort stellen, gelegentlich schütteln.

**3** Einen Trichter mit einem doppelt gelegten Mulltuch auskleiden, den Essig bis 3 mm unter den Rand in sterilisierte Flaschen abfüllen, verschließen und beschriften. Der Essig kann sofort verwendet werden.

**Ergibt etwa 1 l**

## Rosiger Himbeeressig

### Zutaten

*450 g Himbeeren*

*1/2 l Weißweinessig*

*50 g Zucker*

*einige frische Himbeeren als Dekoration*

*Diesen konzentrierten Essig sparsam dosieren. Frische Himbeeren verleihen ihm ein fruchtiges Aroma und eine attraktive Farbe.*

**1** Die Himbeeren verlesen, mit etwas Essig in eine Glasschüssel geben, mit dem Rücken eines Holzlöffels zerdrücken, so daß der Saft austritt, und den restlichen Essig unterrühren.

**2** In ein sterilisiertes Glas füllen, verschließen und kräftig schütteln. Damit sich das volle Aroma entwickelt, 2 Wochen an einen kühlen, dunklen Platz stellen, gelegentlich schütteln.

**3** Einen Trichter mit einem doppelten Mulltuch auskleiden und den Essig über einem kleinen Topf durchseihen. Den Zucker einrühren, die Mischung bei niedriger Temperatur 10 Minuten leise köcheln und dann abkühlen lassen.

**4** Den süßen Essig bis 3 mm unter den Rand in eine sterilisierte Flasche füllen, einige frische Himbeeren hineingeben, die Flasche verschließen und beschriften. Der Essig kann nun verwendet werden.

**Ergibt etwa 300 ml**

# Kräuter und Gewürze

# Kräuter- und Gewürzmischungen

Kräuter und Gewürze bringen Abwechslung in die Küche und bereichern geschmacksarme Zubereitungen. Sie besitzen viele Tugenden: Sie versorgen uns mit Vitaminen, passen sich, obwohl aus aller Herren Länder stammend, an hiesige Boden- und Klimaverhältnisse an, und kommen geschmacklich meist gut miteinander aus oder ergänzen sich sogar. Die klassische Zusammenstellung, der man in den meisten Küchen begegnet, besteht aus einigen Petersilienstengeln, einem Thymianzweig und einem Lorbeerblatt, wird zusammengebunden und heißt »Kräuterbündel« oder – in der gehobenen Küche – »Bouquet garni«. Getrocknete Kräuter werden in ein Mulltuch eingebunden. Eine weitere berühmte Kombination sind die »herbes de Provence«, eine Mischung von Kräutern, die im südfranzösischen Hügelland wachsen, sie passen daher besonders gut zu Gerichten aus dem Mittelmeerraum. Gewürze, häufige Begleiter von Kräutern, schmecken kräftiger und exotischer, denn viele von ihnen stammen aus tropischen Gebieten. Sie harmonieren vorzüglich mit einer Würze so ganz anderer Art, nämlich Zucker. Gewürze kommen in Kuchen und Plätzchen vor, sie aromatisieren Getränke und sind vor allem unverzichtbarer Bestandteil asiatischer Gerichte, allen voran der indischen Curries. Beim Mischen von Kräutern und Gewürzen sind der kulinarischen Phantasie keine Grenzen gesetzt.

## Kräuter- und Gewürzmischungen herstellen

♦ Kaufen Sie Kräuter und Gewürze bei Händlern, die vielbesucht sind, so daß sie sicher sein können, frische Ware zu bekommen. Eine optimale Frischegarantie bieten natürlich Kräuter aus dem eigenen Garten.

♦ Die Kräuter und Gewürze vorbereiten. Getrocknete Kräuter zwischen den Fingern zerreiben, größere Menge zuvor in einen Plastikbeutel geben. Getrocknete Gewürze im Mörser oder in der Küchenmaschine zerkleinern – letzteres empfiehlt sich nicht bei Pfeffer- und Pimentkörnern sowie Koriandersamen, die leicht zwischen den Messern steckenbleiben –, oder aber mit dem Ende eines Nudelholzes zerstoßen. Bei manchen Rezepten werden Kräuter- und Gewürzmischungen vor dem Zermahlen trocken in der Pfanne geröstet, wodurch sie ein besonders intensives Aroma entwickeln.

♦ Die Kräuter oder Gewürze in einer Schüssel vermischen – nicht zu heftig, da der aufsteigende feine Staub zum Niesen reizt. Die Mischung in kleine sterilisierte Gläser (siehe Seite 11) füllen, dabei mehrfach auf die Unterlage klopfen, um die Füllung zu verdichten. Ein aus Papier oder Folie gerollter Trichter erleichtert das Einfüllen.

**VERSCHLIESSEN UND LAGERN**

Die Gläser fest verschließen, wobei Schraubdeckel das Aroma am zuverlässigsten halten. Korken lassen sich zwar paßgenau zuschneiden und sehen hübsch aus, doch verflüchtigen sich die Duft- und Geschmacksstoffe schneller. An einem kühlen, dunklen Ort gelagert, halten sich die Mischungen 4–6 Monate, aromatisierter Zucker bis zu 1 Jahr.

**PANNEN UND IHRE URSACHEN**

Kräuter- und Gewürzmischungen, die Farbe und Geschmack einbüßen, wurden falsch oder zu lange gelagert. Salz- und Zuckermischungen, in einer feuchten Umgebung oder in undichten Gefäßen aufbewahrt, verlieren ihre Streufähigkeit.

# GARAM MASALA

*Gewürzmischungen sind fester Bestandteil der indischen Küche. In Nordindien beherrscht Garam Masala – »masala« heißt nichts anderes als »Mischung« – die kulinarische Szene. Dabei schwören jeder Koch und jede Köchin auf das eigene Rezept und bereiten eine teuflisch scharfe oder fein-aromatische Mischung zu, bestehend aus zwei, drei Gewürzen oder auch bis zu einem Dutzend. Diese milde Variante, in der das Aroma von Kardamom dominiert, paßt ideal zu Fleischcurries.*

## ZUTATEN

*20 grüne Kardamomkapseln*

*3 Zimtstangen*

*4 getrocknete Lorbeerblätter*

*2 EL schwarze Pfefferkörner*

*4 TL Kreuzkümmelsamen*

*2 TL ganze Gewürznelken*

*2 TL frisch geriebene Muskatnuß*

***Ergibt etwa 40 g***

1 Die Kardamomkapseln mit einem kleinen, scharfen Messer aufschlitzen, die dunkelbraunen Samen entfernen, die Kapseln wegwerfen und die Samen mit dem Stößel im Mörser zerstoßen.

2 ◀ Die Zimtstangen in kleine Stücke brechen. Die Lorbeerblätter in mehrere kleine Stücke zerpflücken.

*Während die Gewürze rösten, häufig rühren und die Pfanne rütteln, damit nichts anbrennt.*

3 ▶ Alle Gewürze außer Muskat in eine schwere Pfanne geben und ohne Zugabe von Fett bei Mittelhitze 2–3 Minuten rösten. In eine kleine Schüssel geben, abkühlen lassen, Muskat untermischen.

4 ◀ In kleinen Portionen in der Küchenmaschine zu feinem Pulver zermahlen (nach traditionellem Rezept erfolgt das Zermahlen mit Mörser und Stößel, doch ist es mit der Küchenmaschine schneller und leichter erledigt). Das Garam Masala in ein sterilisiertes Glas füllen, verschließen und beschriften.

# Schön Dekoriert

# Flaschen dekorieren

*Glasflaschen lassen sich ganz nach Belieben rustikal, romantisch, lustig oder futuristisch gestalten. Alles, was dazu benötigt wird, ist in gut sortierten Bastelgeschäften zu finden: Metallic-Sprühfarben, wasserfeste Filzstifte, gute Pinsel aus Marderhaar und spezielle Glasmalfarben. Damit die Farben gut haften, muß der Untergrund sauber und trocken sein. Selbstgebastelte Papiermanschetten runden die Dekoration ab. Lassen Sie Ihrer Phantasie freien Lauf.*

**Oben:** *Die linke Flasche ist handbemalt, die rechte in Negativschablonen-Technik dekoriert.*

**POSITIVSCHABLONE**
Eine Schablone auf die Flasche kleben und mit Metallic-Farbe einsprühen: Es entsteht ein Effekt, der an alte oder geätzte Glasgegenstände erinnert. Alle Bereiche, die nicht dekoriert werden sollen, sorgfältig mit Zeitungspapier abdecken und abkleben, die Hände mit Gummihandschuhen schützen. Nachdem die Farbe getrocknet ist, Klebeband und Schablone entfernen. Leicht verwischte Ränder können mit einer Rasierklinge oder etwas Nagellackentferner korrigiert werden.

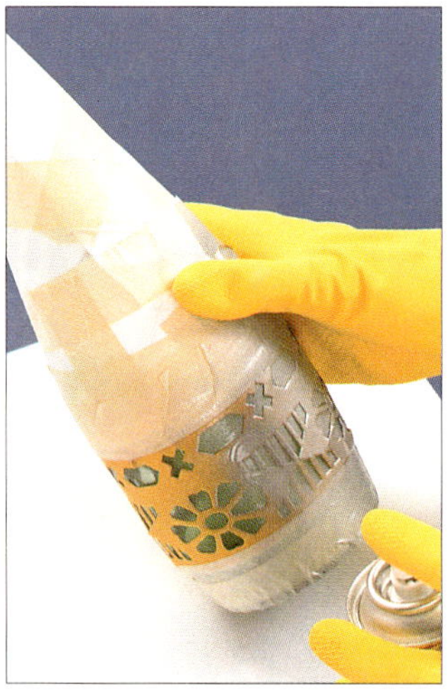

**NEGATIVSCHABLONE**
Motive aus Klebeband ausschneiden oder selbstklebende Motive besorgen und ringsum über die Flasche verstreuen, so daß ein ausgewogenes Bild entsteht. Die Ränder gut andrücken, damit keine Farbe eindringt. Den Flaschenausguß mit Klebeband abkleben und die gesamte Flasche mit Metallic-Farbe einsprühen, 30 Minuten trocknen lassen und eine zweite Schicht aufsprühen. Wenn die Farbe vollständig getrocknet ist, die Motive vorsichtig abziehen.

**Ein warnender Hinweis**
*Sprühfarben nur in einem gut belüfteten Raum oder, besser noch, im Freien verarbeiten. Alle umgebenden Flächen abdecken und Gummihandschuhe tragen.*

**FLASCHEN BEMALEN**

Spezielle Glasmalfarben oder wasserfeste Filzstifte verwenden. Einfache Motive auswählen und den Schwierigkeitsgrad langsam steigern. Die Farben mit zügigen Pinselstrichen auftragen, da sie schnell trocknen. Der Fachhandel bietet Verdünner an, die die Trocknungszeit verlängern, diese jedoch sparsam verwenden. Weißer Karton, auf die Rückseite der Flasche geklebt, erleichtert die Arbeit auf transparentem Glas. Vor der letzten Überarbeitung wird er entfernt. Empfindliche handbemalte Flächen erhalten einen schützenden Klarlackanstrich.

**Perfekte Aufmachung**

*Bänder und Kordeln dienen nicht allein dazu, Etiketten oder Manschetten festzubinden. Mit Geschmack ausgewählt, sind sie auch ein hübscher Schmuck.*

**KAPPEN UND MANSCHETTEN ANFERTIGEN**

Kappen lassen sich aus Stoff oder aus metallisiertem Krepppapier herstellen. Einen Kreis ausschneiden (siehe linkes Bild), über die Flasche stülpen und mit einem breiten Band oder einer Kordel festbinden. Schwieriger sind hingegen Pappmanschetten: Auf der Rückseite von farbigem Karton eine Form aufzeichnen, wie unten abgebildet. Die Form ausschneiden, den Karton entlang den gestrichelten Linien leicht anritzen und knicken. Die seitliche Zunge mit Klebstoff oder Klebeband von innen an die Gegenseite kleben und die Manschette über den Flaschenhals streifen.

**Bildschön**

*Mit Sprühfarben oder von Hand bemalte Flaschen erhalten durch eine Manschette oder angebundene Blätter besonderen Pfiff.*

# GLÄSER DEKORIEREN

*Hübsche Dekorationen kosten nicht die Welt, wenn man mit Phantasie ans Werk geht. Ein schlichtes Glas wird durch ein ausgeschnittenes und aufgeklebtes Kirschmotiv, ein über den Deckel gespanntes Blatt oder ein Ripsband mit Siegel zu einem kleinen Schmuckstück. Auch breite Baumwollbänder oder Seidenkordeln, um ein Glas geschlungen, machen sich sehr dekorativ.*

**Geradezu malerisch** *Ausgeschnittene und aufgeklebte Motive verwandeln Selbstgemachtes in ein besonderes Geschenk – und verraten gleichzeitig, was sich im Glas befindet.*

### COLLAGETECHNIK

Eine Fläche wird mit ausgeschnittenen Motiven beklebt. Halten Sie in Zeitschriften Ausschau nach hübschen Abbildungen von Früchten und Gemüse, und schneiden Sie sie sorgfältig aus, möglichst mit einem Cutter. Die Motive auf der Rückseite mit Papierkleber bestreichen und auf das Glas oder den Deckel kleben.

### DECKEL MIT BLÄTTERN ÜBERZIEHEN

Große Blätter waschen, trocknen und von beiden Seiten mit Glyzerin (in Apotheken erhältlich) einstreichen. Auf die Glasdeckel legen, Klarsichtfolie darüberbreiten, andrücken und mit einem Gummiband fixieren. Den Deckel beschweren und über Nacht in den Kühlschrank legen, anschließend vorsichtig die Folie abziehen und überschüssiges Glyzerin abwischen. Das Blatt mit einem Stück Bast am Deckel festbinden.

**MIT LACKSIEGEL**

Ein schönes Band um das Glas legen und provisorisch mit Klebeband fixieren. Ein Stück Siegellack anzünden, in etwa 2,5 cm Höhe dort über das Glas halten, wo das Siegel sitzen soll, und den Siegellack heruntertropfen lassen, bis sich ein großer Klecks gesammelt hat, so breit wie das Band; falls die Flamme erlischt, sogleich wieder anzünden und fortfahren. In den noch warmen Lack ein hübsches Siegel drücken und einige Sekunden stillhalten, bis der Lack erstarrt und das Siegel deutlich abgebildet ist. Das Klebeband entfernen. Sicherheitshalber zunächst mit Bandresten auf einem leeren Glas üben.

**Fast ein Gütesiegel**
*Gut sortierte Geschäfte für Papierwaren und Bastelbedarf bieten eine Auswahl dekorativer Metallsiegel und Siegellacke.*

**Ganz rechts:** *Siegel verleihen Geschenken einen professionellen Touch.*
**Rechts:** *Mit Blättern lassen sich Deckel originell und zugleich umweltfreundlich beziehen.*

# Verpackungsideen

*Liebevoll eingepackte Vorräte aus der eigenen Küche sind Geschenke von ganz besonderem Wert. Hier einige neue und witzige oder auch elegante Gestaltungsvorschläge.*

**GANZ NATÜRLICH**
Aus Tapetenresten und Schnur eine Geschenktüte basteln, mit Stroh füllen und ein Glas hineinsetzen. Oder das Glas mit Naturleinen überziehen und mit farbigem Bast oder einem Band umwickeln.

**MEERESRAUSCHEN**
Auf einer weißen Geschenktüte Meeresschnecken und Seesterne mit transparentem Bastelkleber befestigen.

**VERSCHLEIERT**
Einen Hutschleier um eine Flasche wickeln, mit Floristendraht fixieren und mit Kordel und Schleife verzieren.

**MIT GESCHMACK**
Mehrere Mullsäckchen mit Gewürzen füllen, zuschnüren, in ein Glas füllen und dieses mit gemustertem Cellophan und einer dicken Schleife dekorieren.

**EINE RUNDE SACHE**
Runde Dosen mit Marmorpapier bekleben, die Ränder sauber verarbeiten, mit Seidenpapier und Papierspitzen auslegen.

**WIE ANGEGOSSEN**

Eine Vorratsdose mit Deckel mit Klebefolie im »Holz-Look« beziehen, die Ränder einschneiden und sauber um die Kanten legen. Besonders hübsch sieht es aus, wenn Sie kariertes Seidenpapier und Silberkordel kombinieren.

**PRAKTISCH**

Verpackt in ein Halstuch, um einen Korb gebunden, als kleine Zusatzüberraschung.

**KNALLEFFEKT**

Gläser mit Eingemachtem wie ein Knallbonbon in Cellophan einwickeln.

**EIN TEETÄSSCHEN GEFÄLLIG?**

Ein Glas Konfitüre in eine mit Papierschnitzeln ausgepolsterte Tasse setzen, in Cellophan verpacken und zubinden.

**KÖRBE VERTEILEN**

Grobgeflochtene Körbchen mit Stroh auslegen, selbstgemachte Delikatessen hineinlegen und mit Draht festbinden.

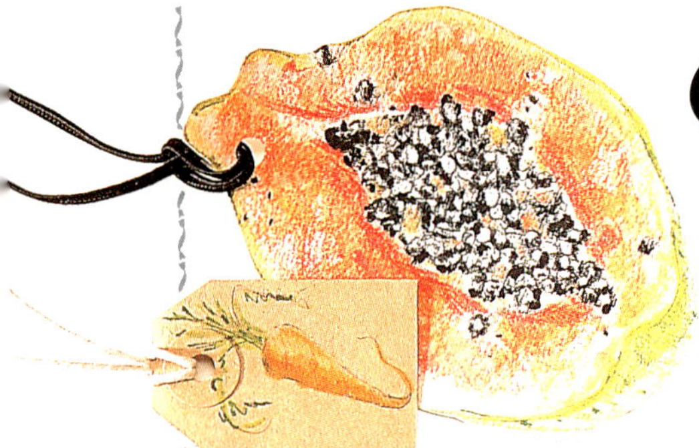

# Etiketten

*Gestalten Sie Ihre kulinarischen Geschenke aus eigener Herstellung mit Etiketten noch persönlicher. Der Handel bietet eine große Auswahl, schöner aber sind in jedem Fall eigene Kreationen. Ein guter Tintenschreiber gibt ihnen einen professionellen Look.*

**PASSEND ZUM INHALT**
Gestalten Sie ein Etikett doch einmal so, daß es gleichzeitig als »Inhaltsangabe« für das Glas dient.

**KÜNSTLERISCH WERTVOLL**
Lassen Sie sich von der Natur zu eigenen, handgemalten Entwürfen inspirieren. Die Etiketten anbinden oder mit Papierkleber oder doppelseitigem Klebeband befestigen.

**ABGEKUPFERT**
Verwenden Sie eine Schablone, etwa ein Blatt, als Vorlage für ein originell geformtes Etikett. Farbiges oder strukturiertes Papier und Zickzackränder machen die Täuschung fast perfekt.

**EINGEPRÄGT**
Hinterlassen Sie einen bleibenden Eindruck, und prägen Sie die Initialen der oder des Beschenkten mit einer Schablone in ein farbiges Papier.

**FERTIGPRODUKTE**
Etiketten und Anhänger in immer größerer Auswahl gibt es im Handel. Für jeden Geschmack ist etwas dabei.

**HANDKOLORIERT**
Fotokopien von Früchten mit Buntstiften, Kreide oder Malfarben kolorieren.

# Register

Die Rezepte sind in gerader Schrift gedruckt, Stichwörter zu warenkundlichen und küchenpraktischen Informationen dagegen kursiv. Diese optische Trennung soll ein schnelles Auffinden erleichtern.